大学教学设计精进教程

邢红军 编著

中国科学技术出版社

·北 京·

图书在版编目（CIP）数据

大学教学设计精进教程/邢红军编著.—北京：中国科学技术出版社，2020.10
ISBN 978-7-5046-8756-2

Ⅰ.①大… Ⅱ.①邢… Ⅲ.①课堂教学—教学设计—高等学校 Ⅳ.①G642.421

中国版本图书馆 CIP 数据核字（2020）第 155531 号

策划编辑	王晓义
责任编辑	王晓义
封面设计	孙雪骊
责任校对	吕传新
责任印制	徐　飞

出　　版	中国科学技术出版社
发　　行	中国科学技术出版社有限公司发行部
地　　址	北京市海淀区中关村南大街 16 号
邮　　编	100081
发行电话	010-62173865
传　　真	010-62179148
网　　址	http://www.cspbooks.com.cn

开　　本	720mm×1000mm　1/16
字　　数	210 千字
印　　张	11
版　　次	2020 年 10 月第 1 版
印　　次	2020 年 10 月第 1 次印刷
印　　刷	北京荣泰印刷有限公司
书　　号	ISBN 978-7-5046-8756-2/G·870
定　　价	48.00 元

（凡购买本社图书，如有缺页、倒页、脱页者，本社发行部负责调换）

别样的经历

作为一个即将步入而立之年才刚刚告别学生时代的我来说，在漫长的求学道路上遇到了不少老师。这些老师可以说是风格迥异，各有特色。而今，自己也即将站在讲台上扮演教师的角色了。在听大学教学技能与教学设计这门课之前，我多少是有些抵触的。视频放到网上不就行了吗？宝贵的周末休息时间还要来听这看似和我关系不大的非专业课，心里实在是有些不情愿。总觉得当老师有什么难当的，不就是说话嘛，把相关知识讲出来就是了。然而，前后听了邢红军老师3天的培训课之后，厌烦情绪一扫而空，反而多了一份感悟与思考，在此略作说明以为纪念。

就大学教学技能与教学设计这门课而言，在当今中国的大学教学中是必不可少的。千百年来，我们的文化中突出体现的是如何为人师表，对教师这一职业强调更多的是师德，却忽略了它的基本职业技能，因而导致了如今大师难觅的尴尬局面。

我听这门课的体会是：通过教学呈现知识内涵仅仅是合格教学的入门级，实现思维训练和情感教育才是教学的目的和本真，而教学创新则是一名优秀教师的水平体现。当学生的时候我们经常评价老师，认为一个好老师的标准是把难的东西讲得很容易，把复杂的东西讲得很简单，而实际做起来却谈何容易。所教内容能让学生听得懂，教师的讲话技巧显得尤为重要；能使学生愿意听，与学生的情感交流必不可少。要了解学生的心理，必要时运用心理暗示的方式，使学生对所学课程乐于接受。我认为，要让学生喜欢某一门课，需要先让学生喜欢讲授该门课的老师。回忆过往的数位老师，能够记得住的必定是人格魅力了得的。反过来谈教学效果，如果记住了老师，那么他所教的课我们也会印象深刻。

填鸭式的教学最令学生厌恶。作为一个在医学院"混"了十年的学生，我经受了太多这样的教学。教学要讲究逻辑，正如我们不喜欢在黑暗中摸索，而喜欢从高山上远眺一样。作为教师的讲授对象——学生，也喜欢睁开眼睛跟着老师的思路走。应当通过一张流程图，告诉学生本节课要讲授的内容，让学生参与到教学中来，随时知道自己在哪里和将往哪里去。因此，从这个层面来讲，教师就是导游，学生才是课堂的主人。我们不喜欢偏离路线，也不喜欢拖泥带水，更不喜欢喧宾夺主，可惜现实的课堂教学却总是如此，身为学生的我们只得逆来顺受。通过大学教学技能与教学设计这门课，我想，假如今后有机会站在讲台上，我一定会想起并践行今日学到的这些教学中应该注意的细节与要点。

就讲授大学教学技能与教学设计这门课的老师而言，邢红军老师无疑是成功的。邢红军老师的课听起来是轻松的，能把这门略显枯燥的课讲得轻松幽默是很需要功力的。但邢红军老师却是驾轻就熟。也许他的境界早已超越了教学内容本身，达到了张弛有度、收放自如的程度。然而，在轻松幽默之余，可以看出邢红军老师在整个过程中时刻注意着自身的教学技能与教学设计。他向我们展示了教学技能与教学设计所包括的方方面面，从着装、动作、语言、技巧等都是标准的范例，这些都是他的课把我吸引住的地方。

虽然只有三面之缘，但邢红军老师的确给我留下了很深的印象。在我眼里，邢红军老师是骄傲的，他是这个国家少有的懂得该如何教书的人，他理应骄傲；邢红军老师是幸福的，在课上他总与大家分享他与儿子、与太太的点滴过往，与教学融为一体；邢红军老师又是有些无奈的，在他授课的字里行间，可以听得出他对教育现状的不满与无奈。他无力改变现状，犹如独孤求败一般期盼着高手的出现，但我想这也许正是他在这条路上坚持下去的原因。倘若有一天你我周围涌现出一批又一批"技艺高超"的老师，我想那时邢红军老师也会欣慰地退出江湖了吧。

寥寥几笔，只为纪念短暂而充实的大学教学技能与教学设计课，很幸运自己可以有这样一番别样的经历。我祝愿大学教学技能与教学设计课越办越好，为社会培养出更多像邢红军老师一样的大家，也祝愿邢红军老师在大学教学技能与教学设计领域继续前进，取得更大的成功。

北京天坛医院神经外科　吴量博士

2020 年 5 月 10 日

目　　录

第一章　大学课堂教学设计解读 ………………………………………… 1
　第一节　教学设计的基本概念 …………………………………………… 1
　第二节　教学设计过程的模式 …………………………………………… 4
　第三节　大学教学设计教材分析 ………………………………………… 5
第二章　大学课堂教学评价理论 ………………………………………… 8
　第一节　大学课堂教学评价的回顾与反思 ……………………………… 8
　第二节　大学课堂教学评价的规范与重构 …………………………… 12
　第三节　大学课堂教学评价研究反思与启示 ………………………… 20
第三章　立德树人的维度设计 …………………………………………… 22
　第一节　立德树人的内涵与要求 ……………………………………… 22
　第二节　高校教师师德的楷模——林崇德 …………………………… 24
　第三节　不告密不揭发是道德底线 …………………………………… 27
　第四节　我国高校教师欺凌教师的破冰研究 ………………………… 29
第四章　教学设计的维度设计 …………………………………………… 46
　第一节　课堂教学目标的确立 ………………………………………… 46
　第二节　教学方法科学 ………………………………………………… 56
　第三节　教学手段多样 ………………………………………………… 66
　第四节　教学本质清晰 ………………………………………………… 68
　第五节　教学逻辑顺畅 ………………………………………………… 83
　第六节　教学创新明显 ………………………………………………… 92
第五章　教学技能的维度设计 …………………………………………… 118
　第一节　讲授清楚 ……………………………………………………… 118
　第二节　演示规范 ……………………………………………………… 122

  第三节 互动充分 …………………………………………… 125
  第四节 迈克尔·桑德尔的教学艺术 ……………………… 127

第六章 大学教学设计案例分析 …………………………………… 144

  第一节 "伯努利方程"教学设计评价的再评价 ………… 144
  第二节 "公共组织运营管理"教学设计评价的再评价 …… 154

主要参考文献 ………………………………………………………… 167

第一章 大学课堂教学设计解读

[本章导读]

本章简单介绍了大学课堂教学设计的基本知识，提出了一个重要的观点：目前我国大学课堂教学设计在理论上始终未能走出传统教学设计理论的束缚，始终在"学习需要分析、学习内容分析、学习者分析、学习目标阐明、教学策略制定、教学媒体选择和运用、教学设计成果评价"等维度的圈子里打转而不自知，致使大学教学设计长期在低水平徘徊。

本章先后介绍了教学设计的基本概念、教学设计过程的模式，对不同版本的大学教学设计教材进行了解读，旨在帮助读者初步理解大学教学设计的奥妙，为学习本书的后续内容打下基础。

教学设计是20世纪60年代末形成和发展起来的以解决教学问题为宗旨的一门新兴的教学科学。它是教育技术学的重要分支，也是教学论的一个重要研究领域。

第一节 教学设计的基本概念

教学设计是运用系统方法分析教学问题和确定教学目标，建立解决教学问题的策略方案、试行解决方案、评价试行结果和对方案进行修改的过程。它以优化教学效果为目的，是以学习理论、教学理论和传播学为理论基础而进行的教学设计活动。

教学设计又称为教学系统设计。它把课程设置计划、学科课程标准、单元教学计划、课堂教学过程、媒体教学材料等看成不同层次的教学系统，并把教学系统作为它的研究对象。

教学设计作为一个系统计划的过程，是应用系统方法研究、探索教学系统中各个要素（如教师、学生、教学内容、教学条件，以及教学目标、教学方法、教学媒体、教学组织形式、教学活动等）之间的本质联系，并通过一套具体的操作程序来协调、配置，使各要素有机结合完成教学系统的功能。还要求系统计划过程中每一个程序都有相应的理论和方法作为科学依据，每一步"输出"的决策均是下一步的"输入"，每一步又均从下一步的反馈中得到检验，从而使教学设计具有很强的理论性、科学性、再现性和操作性。

教学设计的结果或称教学设计过程的产物，是经过检验，能实现预期功能的教学系统。它们可以是直接使用于教学过程，完成一定教学目标的教学资源，如印刷教材、音像教材、学习指导手册、测试题和教师用书等；也可以是对一门课的大纲与实施方案或对一个单元、一节课教学计划的详细说明。

教学设计是解决一系列复杂教学问题、寻找最佳解决方案的过程，必须由掌握教学设计基本技能的教师或专业研究人员来进行操作。

由于种种原因，人们对教学设计内涵的理解还不完全统一，甚至可以说，许多人对教学设计完全是门外汉，只能窥见教学设计的一鳞半爪，或者迷失在各种版本的教学设计书籍内容中而不能自拔。这种情况表明，对大学课堂教学设计进行深入研究，使更多的人通过本书通俗易懂的讲解，在很短时间内能达到对大学课堂教学设计拨云见日、豁然开朗的效果，这正是本书写作的目的与宗旨。

根据1989年再版的《教育技术国际大百科》中的描述，在教学设计思想的形成和发展过程中存在着以下五种交替变化的概念。

一、"艺术过程"的概念

教学设计是一个艺术过程的概念是受传统教学观影响而产生的，即认为教学是艺术，教师是艺术家，教学设计是教师的任务，不同教师执行同一教学任务是不可能一样的。通常所说，教师是不画脸谱、不穿戏服的演员，三尺讲台就是教师的舞台，就是这种观点的写照。此外，教学过程中对各种媒体材料，特别是电影、电视、照片、图表等的设计，为了能引起和保持学生的注意力，必须采用艺术表现方式来达到目的，所以教学设计就是一个艺术创作过程。这种概念不仅会影响人们对教学设计成果与过程的研究和评价，也会影响教学设计人员的训练方法。但它给予我们的启示是：教学设计人员只有知识、资格和经验是不够的，还应该具有更好的艺术素质与创造性。

二、"科学过程"的概念

教学设计是科学过程的观念也有很长和复杂的历史。早在19世纪初，夸美纽斯和赫尔巴特就提出过"教育科学"的观点。但教学设计是科学过程概念的早期探讨和研究却是与程序教学直接相连的。斯金纳在1954年的文章

《学习科学和教学艺术》中也定下了科学过程的基调，并在程序教学中利用联结学习理论来安排教学材料、教学步骤。教学设计者为了保证有效的教学，一直试图为他们的设计工作找到科学基础。他们把教学设计分为宏观和微观两个层次。宏观教学设计中是把科学合理的处理进行比较，但由于涉及的变量太多，始终未能提出满意的设计建议；微观教学设计关心知识概念、技能和某种思想的传播，教学理论、学习理论被引入以保证微观设计的科学合理性。现代认知心理学的迅速发展为教学设计提供了更为有用的科学观点，但是，作为科学过程的概念还要依赖教育、教学、心理等教育科学的进一步完善。

三、"系统工程方法"的概念

由于教学是一个涉及人这个因素的、非常复杂的过程，很难像自然科学那样有确定的因果关系。对教学设计者来说还没有这样的经验证据，即某一科学决策必然取得最优的教学效果。这些局限性在20世纪60年代则变得更加明显。但当许多实践者用工程学的方法代替科学方法时，人们很快发现按科学原理设计的项目开始不一定奏效，而用工程学的方法则使设计人员发现即使他们几乎不懂得学习是什么，但却可以通过改进性的测试来提高他们的设计产品。这是因为，系统方法从工程学中被引进和应用到教学设计中，使教学设计不仅在理论上有了科学依据，同时也找到了科学设计运行的实际操作方法，通过系统分析和不断测试提供的反馈信息的控制使科学设计的教学达到预期效果。

四、"问题解决方法"的概念

随着教学设计的方法、技术日益丰富和复杂，以及教学设计任务的增多、领域的扩大，出现了专门的教学设计人员。他们应用目标分类、需要分析、学生预测、评价和修改等技术去改进原有的课程计划或开发新的学习材料。因此，他们非常关心原来的教学失败在哪里，教学问题是什么，他们从实践中体会到，只有真正抓住问题所在，才能有效地解决它。因此，教学设计是一个问题解决过程的观念已经深入人心。

五、"强调人的因素"的概念

教学设计任务的发展对教师和设计人员素质的要求越来越高，个人的教育价值观和标准、事业心和态度、生活经验和合作技能，获得反馈的能力、写作能力，以及对教学方案和教学产品的想象能力等对教学设计都有很大的影响。因此，教学设计中若不对人的因素给予重视，就不可能有成功的教学设计。教学设计要做好，首先应抓好教师和设计人员的培养。

综上所述，教学设计理论就是在艺术过程、科学过程、系统工程的方法、解决问题的方法和强调人的因素的方法这几种概念的不断变换、交融之中得到统一和发展起来的。

第二节 教学设计过程的模式

教学设计理论与实践发展至今，已经有上百种教学设计的专著问世，关于教学设计过程模式的文章更是汗牛充栋。本节将着重介绍和分析几个具有代表性的教学设计模式及其共同特征，并简述对教学设计的认识。

由于教学设计实践中所面对的教学系统的范围和任务层次有很大差别，而且设计的具体情况和针对性也不完全一样，再加上设计人员的教学工作环境和个人专业背景（学科专家、学科教学专家、教学设计专家、媒体专家、教师、评价专家）的差异，使他们对教学设计的理解和认识不尽相同。在设计中，他们的关心点和自身的优势也不相同。因而，导致数百种不完全相同的教学设计过程模式的产生。综合起来有三种模式：①以课堂为中心的模式；②以产品为中心的模式；③以系统为中心的模式。

一、以课堂为中心的教学设计过程模式

这种模式以课堂教学为焦点。教师、学生、课程计划、设备、设施和资源都是进行教学设计的前提条件。教学设计的目的是解决教师在这些条件下如何做好教学工作，完成预期的教学目标。教学设计的要求往往发生在学校教师想改进教学、提高教学质量的时候，通常由教师自己来完成设计任务。这类模式的教学设计重点是选用合适的教学策略，选择、改编和应用已有的媒体材料，而不是从头开发。这种模式主要供专职教师参考使用，包括中小学教师、职业学校教师和大学教师。

二、以产品为中心的教学设计过程模式

这类设计模式有四个特征：①确定完成特定的教学目标需要的教学产品；②某些产品需要开发，而不是只对现有材料进行选择或修改；③开发的教学产品必须被大量的教学管理者使用，产品对拥有相似特征的学习者产生"复制"的效果；④重视试验和修改。

三、以系统为中心的教学设计过程模式

这类设计模式有四个特征：①一般是指比课堂教学和教学产品要大和复杂的系统设计，涉及教学计划、教学材料、教学人员培训计划、教学包、管

理计划以及教学设备设施等；②教学系统开发后，有广泛的使用价值；③需要设计小组来完成设计任务，设计小组成员的范围较大，包括设计、学科、媒体、评价等方面的专家，以及用户和管理人员，有时也吸收教师和学生参加；④以问题—解决的思想为导向。

综合以上教学设计模式，可以总结出教学设计模式的基本组成部分，如表1-1所示。

表1-1 教学设计模式的基本组成部分

模式的共同特征要素	模式中出现的用词
学习需要分析	问题分析，确定问题，分析，确定目的
学习内容分析	内容的详细说明，教学分析，任务分析
学习目标阐明	目标的详细说明，陈述目标，确定目标，编写行为目标
学习者分析	教学对象分析，预测，学习者初始能力的评定
教学策略制定	安排教学活动，说明方法，策略的确定
教学媒体选择和利用	教学资源选择，媒体决策，教学材料开发
教学设计成果评价	试验原型，分析结果，形成性评价，总结性评价，行为评价，反馈分析

这些模式的共同特征要素可以构成一般的教学设计过程模式。其中，学习者、教学目标、教学策略和教学评价构成教学设计的四大基本要素。

第三节 大学教学设计教材分析

开展大学教学设计研究，就非常有必要分析目前国内已经出版的大学教学设计教材（表1-2），并从中发现问题，进而提升大学教学设计的水平。

表1-2 国内出版的大学教学设计教材比较

教材名称	作者	出版单位与出版时间	主要章节内容
教学设计	乌美娜	高等教育出版社 1994年出版	1. 教学设计概述 2. 学习需要分析 3. 学习内容的分析 4. 学习者分析 5. 学习目标的阐明 6. 教学策略的制定 7. 教学媒体的选择和运用 8. 教学设计成果的评价

续表

教材名称	作者	出版单位与出版时间	主要章节内容
教学设计——心理学的理论与技术	皮连生	高等教育出版社 2000年出版	1. 绪论 2. 教学设计的学习论基础 3. 设置与陈述教学目标 4. 分析学习任务 5. 课堂教学过程与活动设计 6. 不同类型知识的教学过程设计 7. 课堂教学技能的选择 8. 教学媒体设计 9. 课堂教学环境设计 10. 学习结果的测量与评价
教学设计	徐英俊	教育科学出版社 2001年出版	1. 教学设计——系统解决教学问题的方法 2. 教学设计的理论基础 3. 教学设计的模式 4. 教学设计的背景分析 5. 教学设计的过程 6. 教学设计的评价
现代教学设计与案例	周永凯、王文博、田红艳	中国轻工业出版社 2009年出版	1. 教学设计概述 2. 大学教学设计的理论基础及方法论基础 3. 大学教学设计过程及其模式 4. 学习需要的分析 5. 学习内容的分析 6. 大学生学情分析 7. 教学策略设计 8. 教学媒体的选择和设计 9. 课堂教学建构和过程的设计 10. 教学表达艺术策略设计 11. 教学评价及其设计 12. 大学教学设计的评价

续表

教材名称	作者	出版单位与出版时间	主要章节内容
大学课堂教学设计	杨梅玲、毕晓白	清华大学出版社 2015 年出版	1. 教学设计理论概述 2. 大学课堂教学设计前期分析 3. 大学课堂教学目标的设计 4. 大学课堂教学策略的设计 5. 大学课堂教学媒体的设计 6. 大学课堂教学过程的设计 7. 大学课堂教学评价的设计
高校教学设计	陈时见	高等教育出版社 2019 年出版	1. 导论 2. 了解学生发展 3. 研究教学内容 4. 拟定教学目标 5. 设计教学策略 6. 撰写教学方案

认真研读上述大学教学设计教材，不难发现，几乎所有教材的观点事实上均没有超越乌美娜于 1994 年主编的《教学设计》。乌美娜主编的《教学设计》认为：教学设计是运用系统方法分析教学问题和确定教学目标，建立解决教学问题的策略方案、试行解决方案、评价试行结果和对方案进行修改的过程。一般包括：学习需要分析、学习内容分析、学习者分析、学习目标阐明、教学策略制定、教学媒体选择和教学设计效果评价等。

笔者认为，上述要素并不是教学设计的根本，而是在很大程度上偏离了教学设计的核心。因此，当许多人学习了上述教学设计的理论之后，他们依然不能有效地进行教学设计，甚至对教学设计始终处于一种懵懵懂懂的状态。出现这种情况并不奇怪，因为这些教学设计理论本身就存在很大问题。

教学设计不同于教学技能的根本之处在于：教学技能是不涉及学科知识的，或者说是超越学科知识的，它是在这样一个层面来探讨教学技能的理论体系。而教学设计则不同，教学设计一定要结合学科知识、学科方法、学科思想、学科观念、学科精神来展开，同时又要体现教学设计的真谛。换句话说，教学设计与学科理论是水乳交融的。教学设计的本真只有在深入理解与把握学科理论的基础上才能"生长"出来。正是在这个意义上，笔者认为，传统的教学设计理论存在着"差之毫厘，谬以千里"的毛病。

因此，基于教学系统设计理论，在长期教学设计研究的基础上，将教学设计的要素提炼为：①教学目标；②教学方法；③教学手段；④教学本质；⑤教学逻辑；⑥教学创新。

笔者认为，这才是教学设计应有的构成要素。

第二章　大学课堂教学评价理论

[本章导读]

　　本章首先进行大学课堂教学评价的回顾与反思。在此基础上，基于立德树人的教育理念、教学设计理论与戴尔的"经验之塔"理论，构建了"立德树人＋教学设计＋教学技能"的三维大学课堂教学评价模型。之后，确定了大学课堂教学评价指标与评分标准，以期为大学课堂教学评价的进一步发展提供有益的启示。

　　大学课堂教学评价理论的建构，有助于课堂教学评价从经验上升到理论。立德树人、教学设计与教学技能三个评价维度的设定，使我们对大学课堂教学评价的理解逐渐变得清晰与明了。立德树人维度的单列，契合了党和国家对教育教学的根本要求，在大学课堂教学评价中具有提纲挈领的作用。教学设计六个亚维度的提出，超越了传统教学设计的束缚，体现了教学设计的灵魂。而基于经验之塔建立的教学技能三个亚维度，则充分彰显了课堂教学技能的精髓。如此，就使我们对大学课堂教学评价的认识上升到一个新境界。

第一节　大学课堂教学评价的回顾与反思

　　大学课堂教学评价是提升课堂教学质量，深化课堂教学改革的重要举措，也是影响我国教育发展与变革的关键环节。应当说，我国教育界对大学课堂教学评价的研究持续不断，并涌现出一系列重要的经典论著，这对大学课堂教学评价的发展乃至教育改革起到了重要的推动作用。然而，从这些丰硕成果中发现，我国大学课堂教学评价仍然存在着一些长期未能得到解决的问题，亟待通过研究加以解决。有鉴于此，本书通过梳理国内外课堂教学评价的相关文献，寻找当前大学课堂教学评价存在问题的根源，并以此作为研究的出发点。

一、大学课堂教学评价的经验主义倾向

当人们谈论大学课堂教学评价的时候，但凡有过一定教学经验的人多多少少会有自己的看法。然而，这些看法的依据是什么？是不是大多处于描述层次？又有多少触及课堂教学评价的本质？这样，就引出了大学课堂教学评价的理论基础这一严肃的话题。探求事物和现象的本源，深入到事物的内部去寻觅现象的本质，是科学最重要的特征。大学课堂教学评价作为教学的一个重要组成部分，它的存在价值就在于将研究深入到探索本质的层面。教学评价自诞生之日起，目标就绝非界定于现象描述层面，而是要深入到现象的背后去揭示课堂教学评价的本真。基于这种思路去考察不难发现，从20世纪70年代后期至今，关于教学评价理论的研究，大体分为三个阶段：萌芽阶段、积累阶段和发展阶段[1]。早期的课堂教学评价大量依赖实践经验，缺乏理论的指导。以麦可思公司为例，作为高教管理数据与咨询产业的开拓人与领军者，麦可思每年为1000多所高校提供年度数据跟踪与咨询服务，是中国教育智库联盟发起单位并当选为执行委员会成员[2]。麦可思引入的美国普渡大学的新入职教师课堂教学准入标准覆盖教学态度、教学内容、教学设计、教学创新等，包括10项指标，如表2-1所示[3]。

表2-1 普渡大学新入职教师课堂教学准入标准指标体系

序号	新入职教师课堂教学准入标准指标体系
1	讲课有激情，精神饱满
2	讲课有感染力，能吸引学生注意力
3	对问题的阐述深入浅出，有启发性
4	对问题的阐述简练准确，重点突出，思路清晰
5	熟悉内容，运用自如
6	讲述内容充实，信息量大
7	教学内容能反映或联系学科发展的新思路、新概念、新成果
8	能给予学生思考、联想、创新的启迪
9	能调动学生情绪，教学互动，课堂气氛活跃
10	能有效利用各种教学媒体

---

[1] 魏游，潘洪建. 近十年来教学评价研究的进展与反思 [J]. 现代教育科学，2009 (8)：21-23.
[2] 麦可思. 公司概况 [EB/OL]. [2019-06-10]. http：//www.mycos.com/index.php/Index/about_info/nav/1.
[3] 麦可思. 大学教师合格才"上岗"，这10项标准老师达标吗？[EB/OL]. (2017-02-24) [2019-06-10]. http：//blog.sina.com.cn/s/blog_5a0151030102wpjl.html.

认真研读可以发现，普渡大学的课堂教学准入标准指标体系存在指标重复、逻辑混乱的问题。比如，讲课有激情，精神饱满与讲课有感染力，能吸引学生注意力在本质上是同一个指标。第5—7项指标都是关于教学内容的。这些评价指标彼此重复、相互交叉，指标间缺乏独立性。显然，从这一评价指标中难以觅得严密的理论踪影，而是有着浓厚的经验主义倾向。尽管经验并不都如夸美纽斯所批判的那样"肤浅"，经验层面的观点亦有优劣之分，但无视理论，盲目地将经验加以组合，进而以"经验"代替"理论"的做法并不可取，这是对经验上升到理论途径的误读。

二、大学课堂教学评价的理论偏离倾向

正是由于经验本身具有难以逾越的局限性，因此，大学课堂教学评价研究的一个重要思路就是要超越经验思维，进行理论建构，从而逐步形成大学课堂教学评价的规范理论。这是因为，在大学课堂教学评价研究中，由于面临更为复杂的情境和多种因素的交互影响，因此，理论思维的方法就尤为重要。对于理论思维，恩格斯曾明确指出："经验自然科学积累了如此庞大数量的实证知识材料，以至于在每一个研究领域中系统地和依据内在联系把这些材料加以整理，就简直成为无可避免。建立各个知识领域相互间的正确联系，也同样成为无可避免。因此，自然科学便走进了理论领域，而在这里，经验的方法就失效了，只有理论思维才能有所帮助。"在这里，恩格斯不但强调了在相同领域内对材料加以系统整理的必要，而且提出了一个重要思想——认为需要在不同知识领域之间建立相互联系，而这种联系又只有通过理论思维来实现。恩格斯的这一观点对于大学课堂教学评价理论的建构具有重要的启示。

伴随着国外教育理论在我国的引进与应用，一些研究者致力于建构主义理论[1]、多元智能理论[2]以及后现代主义理论[3]等建构大学课堂教学评价体系。然而仔细分析不难发现，这些较为宏观的教育学理论作为大学课堂教学评价的理论基础，只能在观念上提供价值取向，并不能为评价提供理论框架，而合理的理论框架往往只能由适切的理论提供。在这个意义上，理论框架的缺失就必然会引起理论与实践的不自洽，进而导致理论与实践之间的"鸿沟"难以消弭，并降低理论对实践的指导效度。

正是由于适切理论的缺失，虽然当前我国大学课堂教学评价的理论化程

---

[1] 张春莉. 从建构主义观点论课堂教学评价 [J]. 教育研究，2002（7）：37-41.
[2] 史晓燕，周瑞芳，寇学臣. 开展多元化发展性评价 [J]. 中国教育学刊，2002（3）：27-30.
[3] 许华琼，胡中锋. 后现代主义知识教学观及其对课堂教学评价的启示 [J]. 当代教育科学，2011（1）：15-18+40.

度越来越高，但许多教学评价体系却存在着理论上正确而实践中难行的问题，这正是由于适切理论的缺失所导致。以北京高校青年教师教学基本功比赛评价体系与案例研究课题组编著的《课堂教学技能与评价》一书中给出的评价体系为例，研究者基于北京市高校第六届青年教师教学基本功比赛的数据，运用探索性因素分析（EFA）对评价体系进行检验，最终建构了大学课堂教学评价指标，如表 2-2 所示①。

表 2-2　大学课堂教学评价指标

学生评价（6项）	专家评价（6项）
清晰易懂	激励学生参与
演示直观	
	启发批判性思维
富有启发	
	讲述生动清晰
引发思考	
教学融入	有效感官聚焦
印象深刻	内容呈现翔实
	揭示内在联系

尽管这一评价指标既有理论支撑，又有数据佐证，但评价指标明显存在一定的问题，偏离了教学设计的内涵。传统教学设计理论通常包括学习目标阐明、教学策略的制订、教学媒体的运用等，但从上述评价指标中难以觅得传统教学设计理论的踪影。事实上，课堂教学评价的创新应当是在继承基础上的创新，若完全抛开传统教学设计理论另辟蹊径，则难免会迷失自我。所以，课堂教学评价指标建构的重要取向并非是否有理论基础，抑或是否有数据支撑，而是要看所建构的理论是否适切，运用于实践是否可行。

三、大学课堂教学评价的舶来理论困境

由于学术界对于课堂教学评价的认识尚未达成共识，故而容易导致研究者在不同评价体系之间进行选择时犹豫不决，进而对教学评价的有效性产生质疑，并最终根据经验来判断课堂教学的优劣，这从一个侧面反映了现有教学评价理论的乏力。

---

① 北京高校青年教师教学基本功比赛评价体系与案例研究课题组. 课堂教学技能与评价 [M]. 北京：高等教育出版社，2011：276.

为了促进我国教学评价的发展，通过借鉴国外的相关研究，从而为我国课堂教学评价提供他山之石，不失为一种重要的研究思路。为此，笔者深入研究了美国改革教学观察协议（RTOP）课堂教学评价量表。

RTOP 课堂教学评价量表是美国亚利桑那州优质教师教育协作体（ACEPT）开发的课堂观察工具。由于具有较高的信度和效度，已有超过 400 所中小学及大学使用 RTOP 进行了评估[①]。量表中的教学内容分为陈述性知识和程序性知识，课堂文化由交流互动和师生关系组成，教学设计与实施由 5 条更加细化的指标组成。RTOP 课堂教学评价量表具有较强的可操作性，其基于自主、合作、探究的价值取向也可以为我国课堂教学的评价提供借鉴。量表对交流互动的重视，可以为我国课堂教学评价体系的建立给予有益启示。

2001 年，英国政府为了对教师的知识和理解、教学与评价、专业特征，以及学生的进步等指标进行全面考核，提出了 8 个标准，分别为：有效地计划教学，制定可理解的清晰目标；具备良好的学科知识和理解；使用的教学方法能够促使所有学生进行有效的学习；有效组织学生，维持高行为水准；全面评价学生的学业；学生取得丰富的学习成果；有效地利用时间和资源；有效利用家庭作业来强化和扩充学习[②]。

显而易见，无论是美国的 RTOP 课堂教学评价量表，还是英国的评价体系，虽然具有指标明确、操作便捷，能够为教师提供课堂教学反馈等特点，并被多所中小学及大学接受与使用，但两者的评价维度却相去甚远，这表明人们对课堂教学质量的评价尚未达成共识。同时，鉴于中西方文化及教育观念存在差异，因此，西方的教学评价量表在我国普及与推广还存在诸多困难。因此，借鉴国外课堂教学评价体系，构建适合我国本土教学理念的课堂教学评价体系，就成为一个切实可行的路径。

第二节 大学课堂教学评价的规范与重构

研究发现，国内外的课堂教学评价存在的深层次问题主要表现为过分依赖经验、缺乏适切的理论指引。不可否认，课堂教学的活动性决定了课堂教学评价的实践性。然而，过于强调实践经验又会导致课堂教学评价的理论缺失，这一研究取向在一定程度上导致我国大学课堂教学评价大多生成于实践经验的演绎与外化。因此，大学课堂教学评价研究的关键在于需要理论思维，

---

① 吴维宁. 专业化的课堂教学评价工具 RTOP 评介 [J]. 教师教育研究，2011，23（5）：76－80.
② 许明. 英国中小学教师的评价制度和特点 [J]. 外国教育研究，2002（12）：45－49.

并在理论层面加以提升。也就是说，我国大学课堂教学评价需要超越经验，才能形成规范的理论。

一、大学课堂教学评价的理论建构

立德树人是教师工作的光荣传统，也是新时代赋予教师的光荣使命[1]。从育人这一角度来审视，教师是"塑造灵魂、塑造生命、塑造人的工作"的使者，是品行之师[2]。因此，在进行大学课堂教学评价时，首先就应将立德树人作为大学课堂教学评价的出发点和落脚点。

其次，教师是"传播知识、传播思想、传播真理的工作"的先生，是学问之师。因此，大学课堂教学评价须依赖良好的教学设计，这是教学效果得以彰显的基石与根本。教学设计起源于1962年格拉泽提出的教学系统，20世纪80年代引入我国[3]。教学设计是运用系统方法分析教学问题和确定教学目标，建立解决教学问题的策略方案、试行解决方案、评价试行结果和对方案进行修改的过程。一般认为教学设计包括：学习需要分析、学习内容分析、学习者分析、学习目标阐明、教学策略制定、教学媒体选择和教学设计效果评价等。基于教学系统设计理论，在已有研究的基础上，笔者将教学设计提炼为教学目标、教学方法、教学手段、教学本质、教学逻辑、教学创新六个维度。

最后，教学设计只有借助教学技能，才能将教学的灵魂予以展现。美国视听教育家戴尔于1946年在《视听教学法》一书中提出了"经验之塔"理论。他认为，经验有的是通过直接方式得来的，有的是通过间接方式得来的，根据抽象程度可以分为三大类：抽象的经验、观察的经验和做的经验，共十个层次，如图2-1所示。

经验之塔的底层为做的经验，意指通过与实物媒体的实际接触，从而获得在做中学的实际经验，这在教学技能中就体现为教师与学生的互动；中间层为观察的经验，意为通过观察实物媒介，从而获得观察的经验，代表了教学技能的第二个层次演示；塔顶是抽象的经验，意指学生通过语言媒介的作用，获得相应的知识经验，这就需要教师进行必要的讲授。因此，基于戴尔的经验之塔理论，将教学技能概括为讲授、演示和互动三个亚维度。

---

[1] 布超. 改革开放40年高校教书育人的基本经验论析 [J]. 思想教育研究，2018 (11)：19-23.

[2] 张苗苗. 习近平关于教书育人的重要命题 [J]. 思想教育研究，2019 (4)：55-58.

[3] 罗伯特·D. 坦尼森，弗兰兹·肖特，诺伯特·M. 西尔，等. 教学设计的国际观 [M]. 任友群，裴新宁，主译. 北京：教育科学出版社，2005：1-9.

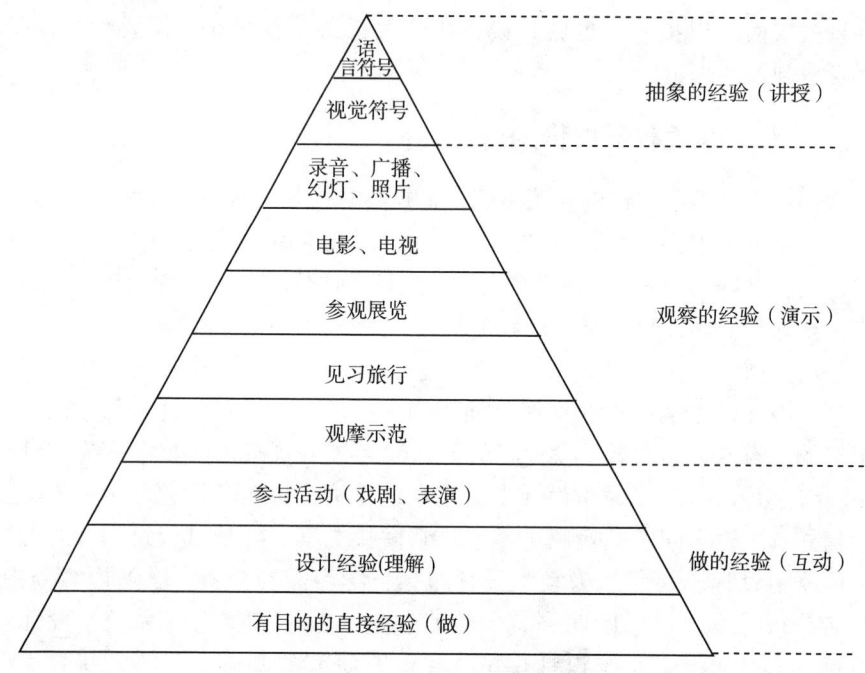

图 2-1 戴尔的"经验之塔"

基于教学设计理论、戴尔的"经验之塔"理论及立德树人的教育理念，笔者构建了"立德树人+教学设计+教学技能"的三维大学课堂教学评价模型，如图 2-2 所示。在此基础上，确定了大学课堂教学评价指标，如表 2-3 所示，以期为大学课堂教学评价的进一步发展提供有益的启示。

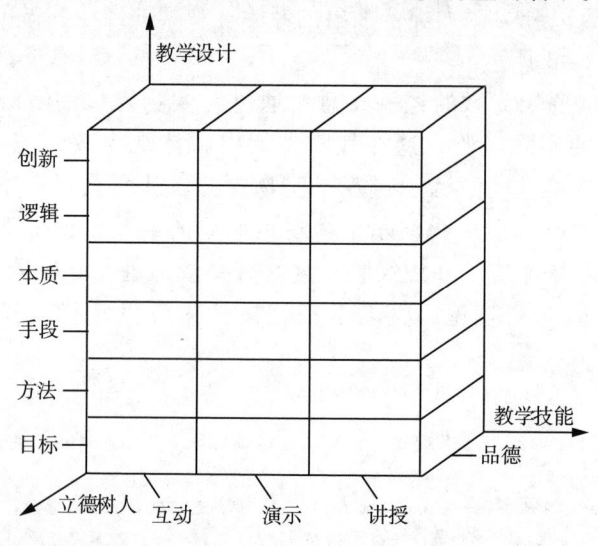

图 2-2 大学课堂教学评价模型

表 2-3　大学课堂教学的评价维度与标准

序号	评价维度		评分标准（1—10 分）									
			1	2	3	4	5	6	7	8	9	10
1	立德树人	塑造品德										
2	教学设计	目标明确										
3		方法科学										
4		手段多样										
5		本质清晰										
6		逻辑顺畅										
7		教学创新										
8	教学技能	讲授清楚										
9		演示规范										
10		互动充分										

课堂教学评价理论的建构，有助于课堂教学评价从经验上升到理论。立德树人、教学设计与教学技能三个评价维度的设定，使我们对课堂教学评价的理解逐渐变得清晰与深刻。立德树人维度的单列，契合了党和国家对教育教学的根本要求。教学设计六个亚维度的提出，超越了传统教学设计的束缚，体现了教学设计的灵魂。基于经验之塔建立的教学技能三个亚维度充分彰显了课堂教学技能的精髓。

教学技能、教学设计与立德树人三者交互相关，交融在课堂教学的过程中。其中，立德树人是大学课堂教学大厦建造的监理，它自始至终渗透于教学设计与教学技能中的各个环节；教学设计是大学课堂教学大厦的蓝图，是大学课堂教学质量的根本保证；教学技能是大学课堂教学大厦的建筑工人，是大学课堂教学设计与教书育人得以落实的必然要求。

二、大学课堂教学评价指标的诠释

（一）教学设计

教学设计是根据课程要求和教学对象的特点，将教学诸要素有序安排，确定合适教学方案的设想和计划。笔者认为，在评价大学课堂教学设计时，主要应依据教学目标是否明确、教学方法是否得当、教学手段是否多样、教学本质是否清晰、教学逻辑是否顺畅，以及教学创新是否显著六个亚维度来展开。

1. 目标明确

教学目标是大学课堂教学的出发点和落脚点,因此,一切教学活动都要围绕教学目标展开。如果缺乏明确的教学目标,大学课堂教学将会失去方向,并给教学评价带来困扰。

为了使大学课堂教学评价有据可依,教学目标是否明确就成为大学课堂教学评价的重要维度。要达成这一目标,教师只有通过解读课程与教材,才能把握教学目标。以教学设计为例,2018 年教育部出台了各学科课程标准,将学科核心素养的培育作为课堂教学目标,以实现立德树人教育目的为根本旨归。因此,教师在进行课堂教学设计时,必须把学科核心素养作为教学目标。

2. 方法科学

教学方法是指为了达到教学目的、完成教学任务,在一定的教学理念和教学原则指导下的教学活动形式,是教师教的方法与学生学的方法的高度融合与有机统一,是大学课堂教学中教师与学生相互联系的重要纽带。因此,选择科学合理的教学方法,是提高教学质量、确保教学效果的必要条件。

从根本上讲,教学方法的选择与运用并不全在教学方法本身,而在于教学目标及教学内容的适切性,这也正是叶圣陶先生"教学有法,教无定法,贵在得法"这一箴言所强调的。教学方法本身无所谓良莠,只有将其置于特定的教学情境中才能彰显教学方法的效果。

3. 手段多样

教学手段是大学课堂教学中传递教学信息的工具、媒体或设备。随着科学技术的发展,教学手段经历了口头语言、文字和书籍、印刷教材、电子视听设备和多媒体网络技术五个阶段。传统教学手段主要指教科书、粉笔、黑板等,现代化教学手段是指电化教学器材和教材,即把投影仪、录音机、录像机、电视机、计算机等运用于课堂,作为直观教学手段应用于教学中。

信息传输理论的研究表明,通过各种感官获得信息的记忆效率分别为:读 10%;听讲解 20%;看 30%;听、看结合 50%;理解后的表达 70%;动手做及描述 90%[①]。可以看出,视听的感官效率是较高的,视听结合、理解后的表达都表现出很高的效率。由此说明,在教学中注意演示与讲解结合,演示与学生的理解活动结合,能够取得较好的教学效果[②]。

4. 本质清晰

大学课堂教学的最终目的是把学生培养成全面发展的人。因此,一切教

[①②] 转引自:北京教育学院,孙立仁. 中学物理微格教学教程 [M]. 北京:科学出版社,1999:158.

学方法和教学活动都要围绕教学本质展开。所以，教学本质是否清晰，对课堂教学能否达成教学目标至关重要。教学本质包括学科知识本质、学科方法本质、学科思想本质、学科观念本质与学科精神本质。教学中教师通过对教学本质的挖掘、提炼与显化，最终使学生形成适应个人终身发展和社会发展需要的必备品格与关键能力。因此，一切教学方法和教学活动都要围绕教学本质展开。

迈克尔·桑德尔是美国哈佛大学政府系讲座教授，美国人文艺术与科学学院院士。英国《卫报》评价桑德尔教授为"世界上最受欢迎的老师"。他所开设的"公正：该如何做是好？"公开课被认为是哈佛历史上最受欢迎的课。桑德尔教授指出：这节公开课的教学本质是唤醒学生的推理思考能力，培养学生的批判性思维，而不是仅仅局限于伟大哲学家的思想理论学习以及阅读经典名著，如同柏拉图提到的那样："学校教育的目标，不在于知识本体的完成，而在于把握一生追求智慧的方法。"因此不难发现，桑德尔教授在这节公开课中所要阐释的教学本质就是：教育是使人觉悟从而认知到自己作为个体的价值；教育是使人学会提问和质疑从而逐步生成批判意识；教育是使人学会观察和对话从而让自己和他人一起去揭示这个世界。概而言之，教育的最终目的是为了解放自己和他人，同时也是为了改造世界。

5. 逻辑顺畅

教学逻辑是教学活动的因果关系及其展开顺序。若要追寻知识的本质，就必须要厘清教学的逻辑。先讲什么，后讲什么，都要依据一定的逻辑而展开。只有厘清课堂教学的逻辑，才能突破传统的课堂教学方式，真正以知识的呈现顺序和学生的认知顺序为依据，达成课堂教学的逻辑自洽，从而彰显课堂教学的真正价值。研究表明，彰显教学逻辑的课堂教学过程大体分为创设情境、建立概念、理解本质、运用知识四个阶段[①]。显然，这样的课堂教学过程才能充分彰显教学的逻辑性。

教学逻辑的价值不是停留在理论层面，而是洋溢在优秀教师的教学实践中。一位北京大学的毕业生在《仙师俞允强》的博文[②]中谈到了对俞允强教授授课逻辑性的膜拜。"他讲课的一个标准套路是：回顾当年的理论发展状况→回顾当年实验对理论的挑战→理论如何发展以解释新的实验结果→新理论的预言是什么→这些预言如何被新的实验所检验。我第一次从他的讲述中了解到，我们所学习的物理学是如何发展到今天的样子的。在这个时候，讲台上俞先生的影子模糊了，俞先生的声音也模糊了，我感到一种心与心之间

---

① 邢红军，张抗抗，胡扬洋，等. 物理概念与规律的教学要求：反思与重构 [J]. 课程·教材·教法，2018，38（2）：91-96.

② 邢红军. 大学教学技能精进教程 [M]. 北京：清华大学出版社，2017：90-93.

的直接交流，仿佛在俞先生的带领下，回到了电动力学产生的年代，亲自参与了这门科学的发展。一堂课下来，我经常不记得俞先生的任何一句话，任何一个动作，但对这节课介绍的理论的来龙去脉却有着无比清楚的认识"。显而易见，这正是教学的逻辑力量之所在。

6. 教学创新

教学创新有助于超越传统课堂教学，迎接新时代的教育发展，有助于培养学生的创新意识、创新精神和创新能力。教学创新包括教学内容的与时俱进，引入新的科技成果，教育教学方法的创新，引入个人的见解与看法等。

2012 年，四川大学计算机学院的副教授魏骁勇在网络上迅速走红[①]。他在给研究生上科学工程实践课时，为了使学生充分掌握冲量定理、杠杆原理及其在实践中的应用，亲自演示"单手劈砖"，将物理原理演示得淋漓尽致。显然，这样的演示才是鲜活且充满生命力的，同时也是赋予教学智慧与教学创新的。

（二）教学技能

教学技能是教师运用已有的教学理论，通过练习而形成的稳固、复杂的教学行为。它既包括按照一定方式进行练习或模仿而形成的初级教学技巧，也包括因反复练习达到自动化的高级教学技能。教学技能是教师必备的教育教学技巧，对达成良好的教学效果、实现教学创新具有积极的作用。教学技能包括讲授清楚、演示规范、互动充分三个亚维度。

1. 讲授清楚

讲授技能是教师使用独白语言，向学生传授知识和方法，形成思想与观念，启发思维，表达思想感情的一类教学行为。讲授技能具有语言准确、简练、逻辑严密、体现思想方法、使学生对现象充分感知并使学生的直觉概括上升为理性概括的特点。

2005 年，上海交通大学电子信息与电子工程学院晏才宏老师因病辞世，终年 57 岁。晏才宏老师的电路课被誉为"魔电"，几乎场场爆满，座无虚席[②]。学生在悼文中说："他的课充满了激情，从头到尾都扣人心弦，简直像一部精彩的电影""书本上那些枯燥的字句，到他嘴里就像活了一样，那些原本晦涩难懂的公式、定理，经过他的讲解，就变得非常简单明白""理论讲述

---

① 京华时报. 川大副教授课堂演示单手劈砖激发学生兴趣 [EB/OL]. (2012-10-25) [2019-6-13]. http://scitech.people.com.cn/n/2012/1025/c1007-19384322.html.

② 李柯勇，刘丹. 晏才宏. 最悲壮讲师的"最后一课" [EB/OL]. (2005-4-8) [2019-5-15]. http://culture.people.com.cn/GB/40462/40465/3305829.html.

深入浅出，分析解题信手拈来，备课讲义自成体系，真是'魔电啊魔电'。[①]"这些感人肺腑的话语使晏才宏老师高超的讲授技能跃然纸上，栩栩如生。

2. 演示规范

演示技能是教师运用实验操作、实物及模型观察、现代教学媒体等直观教学手段，充分调动学生的视觉、听觉，形成表象及联系，指导学生进行观察、思维和操作的一类教学行为。演示能够提供丰富的感性材料，为学生的实验操作提供示范，激发学生的学习兴趣，促进学生观察能力和实验能力的发展，并可以从中学习到科学的实验方法。

演示技能包括确保安全、确保成功、现象清楚、操作规范、讲解指导五个应用要点。安全是演示技能的第一要义，因此，演示操作要做到准确无误，切不可因粗枝大叶影响演示效果，甚至发生事故。演示是示范性表演，这就要求教师不仅要有娴熟的技巧，还要注意演示的操作细节。现象清楚是指应确保全班同学都可以看清楚现象。操作规范是指教师的操作符合实验要求。讲解指导是指教师在演示过程中进行必要的讲解，引导学生抓住现象背后的本质。

3. 互动充分

互动技能是指教师通过情境塑造、借助表达关怀、激励学生、监控、提问、组织互动等方式，帮助学生理解所学知识的教学技能。互动技能包括互动监控、反馈点评、寻求共鸣、课堂控制四个应用要点。互动监控是指教师运用互动技能时，要随时监控课堂互动的情况，并根据情况采取相应措施。反馈点评是指当学生说出自己的观点时，教师应认真倾听并予以及时回应，鼓励学生参与到课堂互动中去。当学生的想法与教师的想法发生了相互作用并达成一致，才是互动技能最本质的诠释。

(三) 立德树人

教师，既是学问之师，更是品行之师；既是经师，更为人师。习近平主席曾指出，广大教师要做学生锤炼品格的引路人，做学生学习知识的引路人，做学生创新思维的引路人，做学生奉献祖国的引路人[②]。作为传道者，教师自己首先要明道、信道；作为引路人，教师自己首先要德行兼备[③]。立德树人作为教师的崇高使命和首要职责，应通过传递知识、传播思想、传授真理，用自己的学术造诣开发学生的智慧；通过塑造灵魂、培育精神，用自己的人格魅力启迪学生的心灵，更好地完成教师立德树人的神圣使命。

[①] 曹奕. "但愿天堂里也有电路课……"——上海交通大学学子今天痛别晏才宏老师 [EB/OL]. (2005-3-19) [2019-5-10]. http://news.sina.com.cn/o/2005-03-19/16445406305s.shtml.

[②] 霍悦，张晓松. 习近平在北京市八一学校考察时强调：全面贯彻落实党的教育方针努力把我国基础教育越办越好 [N]. 人民日报，2016-09-10 (1).

[③] 张苗苗. 习近平关于教书育人的重要命题 [J]. 思想教育研究，2019 (4): 55-58.

第三节 大学课堂教学评价研究反思与启示

一、超越课堂教学评价的经验局限

我国大学课堂教学评价具有优秀的传统，这些传统需要在研究中不断继承与发展，才能使教学评价更加完善。然而，回溯传统并不是拘泥抑或片面膜拜，而是在尊重传统的基础上，不断发现我国大学课堂教学评价传统中存在的问题，进而找到破解与发展之道。

由于教学本身是一种普遍的社会实践活动，因此人们头脑中早已有了诸多超越感知之外的教学观念，加之用观念来想象事物，总比实际考察事物来得方便快捷，因此，人们往往就用教学观念来代替教学现实，甚至把自己的想象当作现实教学的实质[①]。因为"用观念估量事物，就好比一种浮光掠影，外表似乎明白，内里却含混不清。正是由于这个缘故，一些思想家靠思维发现的社会事物规律，其实只是一些牵强附会、毫无真凭实据的东西"[②]。只凭意识既不能了解教学的真实面貌，更不能揭示教学的本质。更有甚者，尽管意识蒙蔽了教学的真相，我们却毫无察觉，而这些意识往往还是来自经验的积累，大量经验未经理论和实践的检验便悄无声息地渗入教学评价过程中，致使我国大学课堂教学评价的研究长期在经验的桎梏中负重前行。

回顾 40 年来我国大学课堂教学评价的发展历程，不难发现，大学课堂教学评价研究一直伴随着大学教育课程改革前行。当前需要思考的是，是否需要适当放缓匆匆的脚步，回首审视以往研究的成败得失，看看还有哪些已有研究尚存不足，是否需要以新的视角进行审视。因此，再次研究大学课堂教学评价，既是对大学课堂教学评价传统的反思，也是撬动大学教育课程改革的尝试。

二、重视大学课堂教学评价的理论研究

长期以来，我国大学课堂教学评价始终未能突破经验总结，深层原因在于研究一直缺乏适切的理论作为基础。因此，大学课堂教学评价欲改变踟蹰不前的局面，就需要寻找坚实的理论基础。

哥德尔定理表明：一种足够丰富和前后一贯的理论，是不能由它本身，

---

① 徐继存. 教学研究意味什么——兼论教学论研究者的责任与使命 [J]. 课程·教材·教法, 2015, 35 (2): 26 – 32.

② 埃米尔·迪尔凯姆. 社会学方法的规则 [M]. 北京: 华夏出版社, 1999: 16 – 17.

或者比它本身更不完善或更"弱"的手段来证明自身的无矛盾性的；一个理论体系如果仅仅以自身的手段为工具去证明自己，就必定会导出一些不能决定其真伪的命题来。任何一个理论体系就其自身来说总是不完备的。一个理论体系要证明自身的无矛盾性就必须借助另一个比它更完善或者更"强"的理论①。在这个意义上，以立德树人为教育理念，教学设计理论及"经验之塔"作为建构大学课堂教学评价的理论堪当大任。这些理论在抓住大学课堂教学核心要素的同时，兼具科学、合理的教学逻辑，展现了大学课堂教学评价的应有之义，使大学课堂教学的评价超越经验而上升到理论层面，从而有效解决了大学课堂教学评价长期存在的问题，为大学课堂教学评价的研究提供理论指引。

基于立德树人的教育理念、教学设计理论与戴尔的经验之塔理论，构建了以教学技能、教学设计，以及立德树人为评价维度的大学课堂教学评价模型。这些维度既相互独立又相互依存，呈现彼此交互的关系。显然，这样的大学课堂教学评价模型有助于从根本上扭转以往评价标准不清，缺乏理论思维的弊端，从而为我国大学课堂教学评价研究提供了有益启示。

三、建构大学课堂教学评价的本土化理论

当前，大学课堂教学评价在学术界依然存在争议，至今尚未达成共识。这一方面反映出大学课堂教学评价的困难性和复杂性，另一方面也反映出舶来课堂教学评价理论难以落地生根。近代以来，我国教育理论先后向德国、日本、美国、苏联等国看齐，一味简单的移植虽然可以暂缓我国教育理论的缺失之虞，但长期的拿来主义倾向却也在不知不觉中助长了我国教育研究者的思维惰性，致使教育理论与教育实践的隔膜日甚，甚至成为阻碍我国大学课堂教学评价发展的阻力。

为了更好地应对舶来的教育理论的侵袭，有必要逐步提升自身的文化自信与教育自信，在深入反思我国优秀教育传统的基础上，以辩证的观点对舶来的教育理论加以改造和优化，逐步消弭舶来理论与我国本土教育现实的疏离，进而建构出本土化的大学课堂教学评价理论。同时，也要谨防陷入狭隘的民族主义情节中，应以宽广的胸怀去接纳域外教学评价理论的精华，从而加速我国本土化大学课堂教学评价理论的建构进程。

---

① 雷永生，等. 皮亚杰发生认识论述评 [M]. 北京：人民出版社，1987：9.

第三章　立德树人的维度设计

[本章导读]

本章介绍"立德树人＋教学设计＋教学技能"的三维大学课堂教学评价模型的第一维度——立德树人。把立德树人作为第一个维度来介绍，其原因正如习近平总书记所要求的："要把立德树人的成效作为检验学校一切工作的根本标准，真正做到以文化人、以德育人，不断提高学生思想水平、政治觉悟、道德品质、文化素养，做到明大德、守公德、严私德。要把立德树人内化到大学建设和管理各领域、各方面、各环节，做到以树人为核心，以立德为根本。"

为此，本章先后介绍了立德树人的内涵与要求、高校教师师德的楷模、不告密不揭发是道德底线、我国高校教师欺凌教师的破冰研究，从正反两个方面诠释了大学教育教学中立德树人的重要性与艰巨性。显然，大学教师只有具备私德，才能守住公德，进而彰显大德。在这个意义上，立德树人既是大学教师做人的根本，也是大学课堂教学设计的基石。

第一节　立德树人的内涵与要求

2018年5月2日，习近平总书记在与北京大学师生座谈时指出："要把立德树人的成效作为检验学校一切工作的根本标准，真正做到以文化人、以德育人，不断提高学生思想水平、政治觉悟、道德品质、文化素养，做到明大德、守公德、严私德。要把立德树人内化到大学建设和管理各领域、各方面、各环节，做到以树人为核心，以立德为根本。"他还指出，"广大青年要努力成为有理想、有学问、有才干的实干家，在新时代干出一番事业""要爱国，忠于祖国，忠于人民""要励志，立鸿鹄志，做奋斗者""要求真，求真学问，练真本领""要力行，知行合一，做实干家"。总书记的重要讲话，在为我国教育工作坚持立德树人根本任务提出新要求的同时，也为我们在新时代牢牢抓住理想信念铸魂这个关键环节完成立德树人根本任务指明了方向。①

习近平总书记始终把"理想信念"作为"灵魂"在落实立德树人根本任务中加以强调。中共十八大提出"把立德树人作为教育的根本任务，培养德智体美全面发展的社会主义建设者和接班人"以来，习近平总书记围绕坚持立德树人根本任务，提出了诸如"理想指引人生方向，信念决定事业成败。没有理想信念，就会导致精神上'缺钙'""青年一代有理想、有担当，国家就有前途，民族就有希望，实现我们的发展目标就有源源不断的强大力量""广大青年一定要坚定理想信念""把理想信念建立在对科学理论的理性认同上，建立在对历史规律的正确认识上，建立在对基本国情的准确把握上"等一系列新论断、新理念。在中共十九大报告中，习近平总书记明确指出："要全面贯彻党的教育方针，落实立德树人根本任务，发展素质教育，推进教育公平，培养德智体美全面发展的社会主义建设者和接班人。"进一步明确和发展了"立德树人"的目标、任务与使命，强调"要以培养担当民族复兴大任的时代新人为着眼点"，要"加强马克思主义理论教育""广泛开展理想信念教育，深化中国特色社会主义和中国梦宣传教育，弘扬民族精神和时代精神""培育和践行社会主义核心价值观"，引导青年"有理想、有本领、有担当"，更好地"构筑中国精神、中国价值和中国力量"。从基础教育到高等教育，从与青年座谈到与师生座谈，从全国性工作会议到党的全国代表大会，只要讲到教育的立德树人根本任务，习近平总书记都会把理想信念教育作为"灵魂"和首要任务加以明确和强调，揭示了理想信念教育对培育和践行社会主义核心价值观、培育和弘扬中国精神的强基固本功能，明确了理想信念铸魂作为立德树人关键环节的重要作用。②

理想信念铸魂是坚持和完成立德树人根本任务的关键环节。正如习近平总书记所说："立德树人"就是要引导青年学生"做到明大德、守公德、严私德"。"德"之内涵是丰富多维的，"立德"任务是广泛多向的。"灵魂"是"德性"的精华，一个真正"有德性"的人必定是"有灵魂"的人。人因德而立，德因魂而高，"魂"是"德"的统领与根基，"立德"的根本在于"铸魂"，"铸什么魂"决定着"立什么德"，"铸魂育人"决定着"立德树人"的性质和方向。"铸魂育人"最早是习近平总书记在2014年10月召开的全军政治工作会议上提出来的，强调"把握新形势下铸魂育人的特点和规律，着力培养有灵魂、有本事、有血性、有品德的新一代革命军人"。此后，他在党

---

①② 李忠军，钟启东. 落实立德树人根本任务，必须抓住理想信念铸魂这个关键 [N]. 人民日报，2018-05-31 (10).

的思想建设、意识形态工作、教育工作等相关领域发表重要讲话时，多次使用"灵魂""政治灵魂""铸魂补钙""凝魂聚气，强基固本""塑造民族魂""灵魂工程师""净化灵魂""教育是塑造灵魂、塑造生命、塑造人的工作""教师是人类灵魂的工程师""国家之魂，文以化之，文以铸之"等指向"铸魂育人"的经典表述。深入分析习近平总书记提出的这些关乎教育本质和使命、教育内涵和培养目标的重要论述不难发现，理想信念铸魂是贯穿其中并被作为立德树人内在逻辑与建构原则的理论精髓和精神实质。有了坚定的理想信念，就有了"政治灵魂"和"精神之钙"。理想信念铸魂就是要铸牢青年学生的信念信仰之魂，不断坚定青年学生学习进步、人生发展的"政治灵魂"，补足"精神之钙"。坚持立德树人根本任务，必须牢牢抓住理想信念这个中心环节，强化理想信念铸魂。①

第二节　高校教师师德的楷模——林崇德

师德，是教师应有的道德和行为规范，是全社会道德体系的组成部分，是青少年学生道德修养的楷模之一。从理论角度看，师德包括教师道德认识、教师道德情感、教师道德意志、教师道德信念、教师道德行为、教师道德习惯。从实践角度看，具有高尚情操、渊博学识和人格魅力的教师，会对学生产生终生的积极影响。

教师道德是一种职业道德。教师的职业道德，简称"师德"，它是教师和一切教育工作者在从事教育活动中必须遵守的道德规范和行为准则，以及与之相适应的道德观念、情操和品质。

师德，是教师工作的精髓，可以用"师爱为魂，学高为师，身正为范"概括其内涵。

一、人物简介

林崇德，北京师范大学资深教授，教育部社会科学委员会委员兼教育学和心理学学部召集人，曾任中国心理学会理事长和国务院学位委员会学科评议组成员；全国劳模、全国十佳师德标兵、受中央宣传部和教育部表彰的全国模范教师，获全国高校优秀教材特等奖、全国优秀教学成果奖、教育部人文社科优秀成果一等奖等重大奖项26项。长期致力于智力发展的研究，其

---

① 李忠军，钟启东. 落实立德树人根本任务，必须抓住理想信念铸魂这个关键 [N]. 人民日报，2018-05-31 (10).

《多元智力与思维结构》发表于世界权威期刊《理论心理学》，并获 17 年来该刊 600 多篇论文"阅读次数最多"排行榜第 6 名。

二、师爱为魂

"对上以敬，对下以慈，对人以和，对事以真"。用这几条普世标准概括林崇德老师的为人处世，最为贴切。①

说到"对上以敬"，几乎每一位受访的"林门弟子"都讲述过林崇德老师对他的老师、中国心理学泰斗朱智贤先生的感恩与敬重。在朱先生去世后，他几乎每周都要去朱先生家看望，朱家有什么事，朱师母都要把林崇德老师叫去商量，就像自家人一样。②

人民教育出版社副总编辑魏运华，在北京师范大学先跟著名心理学家章志光读硕士，后来跟林崇德老师读博士。他说："林老师读本科时，听过章志光先生一门课，所以他总说，他也是章先生的学生。我们每年给章先生举办生日宴会，已经是中国心理学会会长的林老师必定以学生的身份参加；人民教育出版社出版《章志光心理学文选》，章先生请林老师作序，林老师以学生的身份在序言中表达他对章先生的敬仰和感激之情，召开出版座谈会当天，林老师本来身体不适，但他坚持带病出席，还作了发言。"③

每年春节，林崇德老师都要带领他的弟子到一些心理学界的前辈家中拜年。这其中，既有学术上曾给他以帮助、提携的恩师，也有反对过他，在一些问题上与他有过分歧的前辈学者。多少年来，年年如此。④

学生对林崇德老师也是非常爱戴，不仅在学术著作中念念不忘感谢师恩，生活中也是情深意重。有一次，见林老师忙，不愿到校外大医院看病，已当了北京师范大学常务副校长的董奇，竟为老师到校外医院去挂号。中国心理学会副理事长、山东师范副校长张文新当年做林崇德老师的博士生时，听说林老师高血压突然住院，已经离校回山东老家过寒假的张文新立即赶回北京，在病床前照顾老师直到出院……⑤

有人说林崇德老师看望学术前辈也好，关心体贴学生也好，是"作秀"。他的学生们说，如果一个人能一辈子坚持这样做，对爱他的人、反对他的人一视同仁地这样做，那么，这就是做人；作为老师，他这样做的另一层意义，就是教我们这些学生如何做人。⑥

三、学高为师

林老师的博士研究生申继亮谈到，为什么现在不少研究生管老师叫"老

---

①②③④⑤⑥ 宋晓梦. 林崇德和他的学生们 [N]. 光明日报，2011-03-31（13）.

板"？因为老师手上有课题和科研经费，学生帮老师干活（做课题），老师发生活费。老师完成课题，学生得到文凭。表面看各得其所，但是如果老师不能在这个过程中有意识地去为学生的发展考虑，学生很可能没学到多少东西。最糟糕的是，这种关系将师生的感情、育人的丰富内涵过滤成一种近乎买卖的交换关系。①

林老师的不同之处就在于：他不是简单地用学生，像生产队长似地给学生派活，而是了解学生的志向，根据每个学生的基本素质、性格特点、兴趣爱好，为学生考虑适合做哪种课题；在读完硕士学位或博士学位之后，适合深造还是走上教学岗位，适合搞研究还是搞管理，然后因材施教，为他们创造不同的机会。所以，他的学生毕业后普遍发展得好。②

方晓义，一位已过不惑却童心未泯的教授。听说他刚到林崇德老师身边时，身上的孩子气与他研究生的身份很不贴切：林崇德老师让他帮忙把信寄出去，他跑回来说："老师您重写一封吧，风太大，信让大风刮跑了！"林崇德老师让他帮忙买东西，他告诉老师："找回的钱我买冰棍了。"心理学界一共两位长江学者，两位都是林老师的学生。这个大孩子方晓义，后来成为这两位长江学者之一。方晓义教授说："没有林老师的包容与支持，就不会有我的今天！"③

华中师范大学心理学院院长、2010年百千万工程国家级人才后备人选周宗奎，当年的博士论文选题是《儿童青少年的社会技能》，因为周宗奎认为，新的生活环境和方式，造成孩子性格和人格缺陷的问题很普遍，而且对未来国民素质会造成不可低估的负面影响，应该通过研究提出对策。但这与林老师的主要研究领域"青少年认知发展研究"偏离较大。林崇德老师对周宗奎说："过去心理学没有顾上这一块，但从发展心理学的角度，这的确是一个重要的领域。"在林崇德老师的支持下，周宗奎将这个课题从博士论文做到教授的学术专著；从全国教育科学规划重点课题，做到国家自然科学基金项目；从对中国儿童青少年的研究，做到与美国学者合作"中美青少年比较研究"，这两年又拓展到"互联网上的儿童青少年交往研究"。丰富的学术积累，让教育部的"青少年网络心理与行为重点实验室"在竞争中最终落户华中师范大学。④

从1985年林崇德老师开始带博士研究生至2020年，他已培养了近100位博士，其中超过半数已成为教授、研究员、编审、博士生导师，还包括大学校长、副校长以上的领导干部。北京师范大学校长董奇教授说："我们这些学生都是林老师的成果。"⑤

①②③④⑤　宋晓梦. 林崇德和他的学生们 [N]. 光明日报，2011-03-31 (13).

四、身正为范

1996 年，李庆安考上了林崇德的博士研究生。入学那天，这位放牛娃出身的哈尼族青年把从云南带来的茶叶送给林崇德，没想到被林老师委婉而坚决地谢绝了。林老师对他说："你若非要送礼，就送我一个大礼——3 年后，拿出一篇漂亮的论文来！"从那以后，林老师对李庆安严格要求，尤其在薄弱环节给予重点指导。1999 年，李庆安毕业留校，林崇德老师对他说："从今天开始，你就是我的同事了。这意味着很多事你要自己处理。在北京师范大学这样一个高层次的学术单位，无论获得学位或评定职称，都没有对少数民族的倾斜与优惠政策。别的可以照顾，学术标准不能照顾。当然我们会帮你申请项目，为你创造条件，而不是事后降低学术标准。"[1]

此后的几年里，在林崇德老师的帮助下，李庆安多次获得科研项目，从而有机会前往许多国家进行学术交流，拓宽学术视野；他花 4 年时间撰写的 70 多万字的学术专著《破解快速记忆之谜：记忆与智力研究新概念》，林崇德老师主动给予资助。2006 年该书一出版，就登上了中国图书网哲学类畅销书排行榜前 3 位。2008 年，李庆安以过硬的研究成果，全票通过职称评定，晋升为北师大心理学教授。[2]

林崇德老师说，学生读硕士学位、读博士学位以及刚走上工作岗位这段时间，会面临"五子登科"，从这些方面关心他们、帮助他们，会比任何说教更能让学生理解如何关心他人、与人相处。其实，林崇德老师对这些学生的关心何止"五子"。他关心他们的"帽子"，为他们获得学术职位和晋升职称创造条件；他关心他们的"位子"，为他们获得学术职位和职务升迁介绍情况、积极推荐；他关心他们的"台子"，为他们创造学科建设的发展平台；他关心他们的"房子"，为解决留校学生的住房四处奔波；他关心他们的"票子"，重视他们的经济状况和趋势；他关心他们的"妻子"（丈夫），为他们就业后免于两地分居而奔走；他关心他们的"孩子"，为解决他们子女就餐问题去求助小学校长……[3]

第三节　不告密不揭发是道德底线

大学老师在教育教学中如何做到立德树人？怎样做到明大德、守公德、

---

[1][2][3] 宋晓梦. 林崇德和他的学生们 [N]. 光明日报，2011-03-31 (13).

严私德？请看《人民日报》的文章《不告密不揭发是道德底线》①。

"我不知道，查理今天的缄默是对还是错，但我可以告诉你，他决不会出卖别人以求前程。而这，朋友们，就叫正直，也叫勇气，那才是领袖的要件！"

这段话，是美国电影《闻香识女人》中的一段台词。片中，查理无意间目睹了几个学生对校长的恶作剧，校长逼查理交代谁是主谋，否则将开除他的学籍。查理的忘年交、盲人史法兰，在听证会上谴责校方正在毁灭这个孩子纯真的灵魂。演讲博得如潮掌声，使校方最终作出让步。

"不出卖别人以求前程"，是正直，也是勇气。这不仅是为个人辩护，更是为一种优秀品质辩护。

一种风气的形成，有其历史土壤；而其消泯，更是难上加难。至今，这种"告密揭发"思维还时常作祟。据报道，山东某高校期末考试一道试题：选出你认为上课最积极的3名同学和翘课最多的3名同学。考题一披露，网友直呼"神题"。

可以设想，那些写出"翘课最多"学生名字的考生，可以轻松得分；拒绝写出的，则不得不丢分。这不是在鼓励学生们相互揭发吗？

出题者辩解说，这是借鉴人力资源管理专业"360度绩效考核"中的"同事相互评价"。但是出这样的试题，未免把好经念歪了。学生翘课多少，自有学校纪律管束；学生的学习状况，也有考试成绩评定。即便学生间相互评价，也应该是当面锣对面鼓，积极公开的，而不是暗地里互相"揭发"。

无独有偶。几年前，湖北某大学的一个班级出台了"盯人"管理办法，每名学生的一言一行都会有一名"神秘同学"在暗中盯梢。班主任说，开展这项活动是为了加强学生间的友谊和互动，也是为了加强学风、班风建设。这样的"温情关怀"，简直让人不寒而栗。

心理学专家认为，不确定性会使人处于恐惧和焦虑的状态中。一个经常有人"打小报告"的班级，气氛一定紧张不安，同学间、师生间一定疏远而戒备。学生时代播下的不信任的种子，会影响他的一生。

不告密、不揭发，与其说是一种可贵品质，不如说是一条道德底线。告密成风的社会，是人人自危的社会，告密使人与人之间失去基本信任，甚至相互侵害，冲击人们的价值判断，毁掉社会的道德基础。

这条底线，在大学里首先应该明确、清晰起来。大学，应该培育学生自由而健全的人格、敢于担当的精神，让学生成为一个阳光磊落的大

---

① 刘成友. 不告密不揭发是道德底线 [N]. 人民日报，2015-01-23 (12).

写的"人",而不应该是心理幽暗、出卖他人的"病人"。这是大学精神的应有之义。

不告密、不揭发,误区就在于一个标准问题,就是在于:①到底什么事情可以揭发检举、什么事情不可以揭发告密;②什么人之间可以揭发检举、什么人之间不可以揭发检举。这是一个标准问题,也是一个原则问题。

第一,对"生活中非原则的一般性问题"当然不能告密和揭发,这的确是一个道德问题。

但是,对大是大非的原则性问题则必须坚决地斗争,斗争方式一是当面驳斥,二是背后坚决地揭发。对违法犯罪行为必须检举揭发,对可能危及社会安全稳定的问题应当作坚决的斗争,也当然包括检举揭发,比如对和平演变问题,无论是谁都要坚决地斗争。

第二,既然明确了什么事情可以揭发检举,那么,到底什么人之间的揭发才算突破道德底线吗?

这个问题答案早就存在了,自古以来,中国文化传统就对揭发检举有了一个清晰的道德底线,那就是"亲亲相隐"才是道德底线。除此之外,人与人之间对大是大非的揭发检举均不能定性为道德问题。因为它不是个人之间的利益问题,而是事关国家、民族前途命运的大问题。

第四节 我国高校教师欺凌教师的破冰研究

1978年,挪威俾尔根大学的心理学家丹·奥维斯教授在《学校中的攻击:欺凌者与替罪羊》(*Aggerssion in Schools: Bullies and Whipping Boys*)一书中展开了校园欺凌(school bulling)的专门研究,这可以称为全球范围内校园欺凌研究的肇始。奥维斯认为,"欺凌行为是指针对个人或群体的、持续性的物理或精神上的攻击,包括羞辱、嘲笑、起外号、模仿、暴力威胁、骚扰、戏弄、孤立、散播谣言"等。这一定义与社会心理学对"攻击性行为"的定义是一致的。

40多年来,奥维斯对国际校园欺凌问题的持续研究产生了巨大影响,同时他对校园欺凌的定义在国际学术界也是最具权威的。目前,对校园欺凌的认识在国际范围内基本达成共识。校园欺凌行为的构成具有四个要素:①欺凌者具有主观上的故意和敌意;②欺凌者与被欺凌者在力量上存在不均衡的状态;③此行为在一定时间内具有重复性;④该行为违背受为者意志并客观上造成受为者身体、心理上的伤痛或财物的损失。满足以上四个条件的攻击行为即为校园欺凌行为。

近年来，校园欺凌作为我国中小学校园安全的主要问题，已经引起了社会各界的广泛关注。2016年11月，教育部、最高人民法院等9部门联合出台《关于防治中小学欺凌和暴力的指导意见》，对各地开展防治校园欺凌工作进行了系统指导；2017年12月，由教育部、中央综治办等11个部门联合印发的《加强中小学生欺凌综合治理方案》提出了系列治理措施，使校园欺凌进一步进入了大众视野。

有研究以中国知网的核心期刊和中文社会科学引文索引（CSSCI）期刊为来源，使用可视化分析软件（CiteSpace V）对263篇相关文献进行关键词共现分析，结果发现：校园欺凌的概念和类型、特征及成因分析，以及治理对策研究成为当前校园欺凌的研究热点[1]。但是，相关研究依然存在着研究视角较为单一、研究方法缺乏创新，以及研究深度不够等问题。未来应拓宽和深化校园欺凌的研究主题、创新校园欺凌研究方法，从而推动国内校园欺凌相关研究向纵深方向发展。

校园欺凌作为全球范围内的一种教育恶疾，并不只存在于中小学校园。大学作为一种有别于中小学的校园，事实上一直都存在着广泛的教师欺凌教师现象而未能得到揭露。鉴于文化背景的差异，我国高校教师欺凌教师的行为不仅与西方国家的校园欺凌行为有明显的差异，而且与中小学校园欺凌也有截然不同的特点。因此，西方的研究成果并不能直接应用于国内，中小学校园欺凌的研究成果亦不能照搬照抄。对我国高校教师欺凌教师研究的一个有建设性的方案是：以传统文化及价值观作为研究起点，去深入探寻这一现象的独特之处及根源之所在。目前，我国高校教师欺凌教师的研究成果极度匮乏，导致这一研究需要从最基本、最直接的原始资料收集开始。基于这一原因，就决定了质性研究方法比定量研究方法更适合现阶段问题的研究。有鉴于此，本书采用深度访谈方法，对我国高校教师欺凌教师的行为及其文化根源进行初步探索。

根据霍夫斯泰德（Hofstede）的国家文化维度（Dimensions of National Culture）理论，中国文化具有高权力距离、高不确定性避免、集体主义、男性主义和长期倾向的特征。也即是说，与西方国家相比，中国人具有尊重权威、规避风险、重视群体、追逐成就、长远规划的倾向。再加上我国历史上长期存在的封建专制主义、儒家文化和小农经济意识，导致中国人具有崇尚权力和遵从权威的观念、明哲保身的生存哲学、家族主义的价值取向[2]。这种与西方迥然不同的历史与文化背景，使我国高校教师欺凌教师现象呈现出与众不

---

[1] 孙畅，胡怡涵. 我国校园欺凌研究现状与展望——基于CiteSpace的知识图谱分析[J]. 理论观察，2019（4）：109 – 113.

[2] 杨国枢，余安邦. 国人心理和行为：理论及方法篇[M]. 台北：桂冠图书公司，1993：53.

同的独特性质。

在学术界,有关我国高校教师欺凌教师的研究非常罕见,这也许从一定程度上支持了鲍尔(Power)等人的研究结论。鲍尔等人对全球六大洲数个有代表性的国家进行了研究,发现在不同的国家,身体的威胁都是不能接受的。绩效导向的文化对欺凌行为更为容忍,人文导向文化则相对不能接受。与盎格鲁、拉丁美洲和撒哈拉以南的国家相比,亚洲儒家文化对工作欺凌行为更为接受。李永鑫、张璐的研究指出,护士工作场所中的欺凌行为,会导致工作倦怠感上升,降低工作满意度,进而影响身心健康[1];傅静等人和王玲欢的研究则分别报告了中国低年资护士在工作中所遭受的欺凌,以及欺凌对自信心、自尊心和身心健康所造成的不利影响[2]。此外就是一些介绍国外现有理论和研究的综述性文章[3][4]。可见,国内现有关于职场欺凌的研究同样是非常有限且局限的。毫无疑问,欺凌也发生在高等学校中,但是为什么高等学校不能有效解决这个问题,迄今为止仍然是一个有待研究的课题。因此,本文期望对此问题展开破冰研究,并在研究的基础上,建立高校教师欺凌教师的解释模型,以期为高校教师欺凌教师研究以有益的启示。

一、研究对象与方法

国际学术界对于研究伦理问题一直是非常关注的,尊重、受益、公平被定义为三个基本研究伦理。基于尊重伦理,社会学研究需要保护研究对象的隐私。因此,本书用化名来称呼所涉学校与个人,以消除暴露研究对象身份的可能,同时避免他人通过搜索工具辨认出他们。基于受益伦理,本文研究的受益者是为今后有志于开展高校教师欺凌教师的研究者提供资料、为可能遭受欺凌的高校教师提供借鉴,同时对高校维护教师权益提供方法指引。基于公平伦理,要求研究须保持学术诚实,研究对象与事实要真实、客观、公正,无论对欺凌者还是对被欺凌者的描述,都应当一视同仁,不偏不倚,以呈现客观真实的事实。

(一)研究对象

本研究采用典型抽样方法选取研究对象,这是因为,在高校教师欺凌教

---

[1] 李永鑫,张璐. 护士工作场所中的欺负行为及与工作倦怠、工作满意度、健康的关系 [J]. 中国心理卫生杂志,2010,24 (8):625 – 628 + 632.

[2] 傅静,赖红梅,曾白兰,等. 低年资护士经历横向暴力行为的调查 [J]. 中国护理管理,2008,8 (3):35 – 37.

[3] 秦弋,时勘. 工作场所中欺负问题的研究现状 [J]. 心理科学进展,2008 (2):145 – 149.

[4] 付美云,马华维,乐国安. 职场欺负的旁观者:角色、行为与影响机制 [J]. 心理科学进展,2014;22 (6):987 – 994.

师研究中，寻找合适的研究对象并不容易。故本文选取一所高校的 3 位被欺凌者，对她（他）们在近 20 年时间内的多次被欺凌事件进行深度访谈，进而展开质性研究。

欺凌者 A：女，××大学物理学教授，2002—2020 年先后 4 次欺凌同事。

被欺凌者 B：男，现为××大学物理学副教授，博士，2002 年被 A 设计赶走。

被欺凌者 C：女，××大学物理学副教授，2008 年、2019 年 2 次遭受 A 欺凌，被迫提前退休。

被欺凌者 D：女，××大学物理学副教授，2018 年遭受 A 欺凌，课程负责人被 A 取代，所教授课程的教学大纲被更改，所用教材被替换为 A 担任副主编的教材。

（二）数据收集

访谈全部以一对一的形式进行，每次访谈的时间在 3 小时之内。访谈内容主要包括几类问题：①被欺凌者所遭受的欺凌经历；②欺凌对自己造成了哪些影响；③自己在欺凌行为发生时的反应；④单位领导是如何处理欺凌事件的；⑤哪些因素影响欺凌行为的发生。除此之外，访谈者在访谈过程中还会对某些细节进行深入的追问。在征得被访谈者同意的情况下进行录音或做笔记，访谈完成后对资料进行转录或对笔记进行整理。

（三）数据分析与效度检验

阅读访谈资料，提炼访谈内容所包含的主题；比较三位被访谈者的观点，看是否反映了同样的主题；借助中国知网查询，以检验访谈主题的客观性。

二、研究过程

研究过程主要呈现欺凌者 A 在 2002—2020 年 4 次欺凌同事的过程与细节，以欺凌事件发生的时间为顺序来呈现。之所以选择这一案例，有三个原因：一是时间跨度长，同一人多次欺凌不同的被欺凌者而安然无恙，如鱼得水，在高校教师欺凌教师现象中极具代表性。二是欺凌者的手法娴熟，信手拈来，可谓炉火纯青，令人叹为观止，颇具典型性。三是××大学××学院领导在处理 A 的欺凌行为时的表现。正是这些典型表现，有助于展开对大学教师欺凌教师行为的深入研究。

1. "借刀杀人"的初试身手——A 的第一次欺凌行为

对 B 的访谈首先就遇到了困难，B 不愿意接受访谈。他的回复是事情已经过去了，不愿意再勾起使他蒙羞的事情。B 的反应也在笔者的预料之中，这就是典型的中国人对待欺凌的态度：对欺凌行为保持隐忍和沉默的态度。由于 B 被欺凌事件相对简单且 B 在××学院实习时间较短，通过向了解这一事件的 B 的多位原同事调查，笔者客观真实地还原了这一欺凌事件的前因后果。

2002 年，B 即将毕业于 N 省的一所大学，是一名物理学专业的硕士研究生，毕业前到××大学××学院实习、代课，准备 6 月份毕业后到物理教研室担任大学物理老师。比较吊诡的是，A 给 B 安排的课是数学课而不是物理课，这其中的原因也因为 B 不愿意接受访谈而不得而知。应该说，这是不符合逻辑的。俗话说，隔行如隔山。B 虽然学习过高等数学，但那是大学一年级的基础课。而且对高等数学的把握，B 是绝对不能与数学专业的研究生相提并论的，尤其是对于一个还没有走上大学讲台的 B，高等数学教学是她力所不逮的。这样不符合逻辑的安排，就为后来 B 失去入职机会留下了隐患。

A 与 B 的关系开始还好，但不久就开始恶化，原因未知。B 年轻没有经验，有一次因为家里有变故，课没有备充分，B 向 A 说明了情况并请假，未允。孰料第二天 B 上课时，A 已提前邀请 E 院长去听 B 的课，结果可想而知。E 院长勃然大怒，A 用"借刀杀人"之计将 B 踢出局，E 院长在懵懂之中被 A 当枪使，"摆"了一道。

研究分析：公允地说，B 并非不胜任大学物理的教学工作，这可以从后来 B 的发展印证这一点。这也是本文研究的信度和效度所要求的。

B 2002 年入职×××大学，在很短的时间内就晋升为副教授。从中国知网查询得知，迄今为止，B 共发表论文 20 余篇，主持国家自然科学基金课题一项，后来还获得博士学位，担任研究生导师。凭硕士学位入职，几年就能够晋升副教授，在当年也是很快的。倘若不能胜任大学物理教学，B 是不可能在如此之短时间内晋升副高级职称。因此，可以肯定地说，B 是胜任大学物理教学工作的。

在 A 欺凌 B 的过程中，可以发现，A 深谙整人之术。A 瞅准机会用"借刀杀人"之计陷 B 于不义，而自己又置身事外，这正是大学教师职场欺凌的典型表现。与中小学生的欺凌行为不同，高校教师是高智商、高情商的群体，在欺凌行为发生时，欺凌者往往采用非常巧妙的手段，让被欺凌者"哑巴吃黄连，有口说不出"。这也就不难理解，为什么在中国知网上关于中小学校园的欺凌行为的研究论文有几百篇之多，但却难觅大学教师职场欺凌的文献。

基于上述分析可知，A 以 B 不胜任大学物理教学为由将 B 赶走其实并不具有正当性。依据职场欺凌行为的构成要素，A 的行为就是一个典型的欺凌行为。

2. "无中生有"的驾轻就熟——A 的第二次欺凌行为

访谈人：请谈谈你被欺凌的遭遇。

被欺凌者 C：我 2003 年读硕士时应聘××大学，通过试讲后，又代了一个学期的课，2003 年 7 月入职。开始与 A 的关系还可以，我还参加了她主编的《物理学》教材与习题集的编写，应该说 A 刚开始对我还不错，这个应该客观评价，但后来慢慢就不行了。原因是 A 控制欲很强，什么都要按她说的办。惹怒她的事是她让我在所教的班里向学生推销她主编的《物理学》习题集。这个事情是不能做的，况且我刚到一个新单位工作，就婉转地拒绝了她的要求。于是，我的噩梦开始了。

2008 年我的第二个聘期结束时，A 无中生有地诬陷我的硕士学位是假的并且告状到学校领导那里，学校要求学院处理这个事情。与此同时，A 在学院基础部事先广泛做工作，在我不在场的情况下对我的聘期是否合格进行投票，结果为不合格，A 据此要求学校解聘我。后来，我拿着学位证书原件让学院党委书记 F 看。F 曾担任过学校人事处长，拿过我的学位证书反复观看，最后十分肯定地说是真的。A 还到处散布说我以前当过中学老师，没有高校教师资格证，不能胜任大学教学。我又拿出我的高校教师任职资格证书交给 F，证书上面的章还是 20 世纪 90 年代国家教委的章，A 才无话可说。

最后，我找到院长 E。E 这次撇开 A，让学院办公室主任主持会议，就我的聘期是否合格进行重新投票，结果为合格，于是我才得以继续留在学院工作。适逢当时职称评定，我已经申报了副教授，但最后学院给出的结论是我当年不能申报副教授，而 A 却没有受到任何惩处。

访谈人：你对学院的处理结果满意吗？

被欺凌者 C：我当然不满意，但我又有什么办法？你还敢申诉吗？明明是 A 无中生有地诬陷我，结果却是我的职称不能申报。我到现在都不明白学院为什么会这样处理？我确实是没有任何问题。

访谈人：你对 E 的处理满意吗？

被欺凌者 C：满意。E 在国内他所属的学科领域算是一个大咖，这样的人眼睛里当然揉不进沙子。对 A 的欺凌行为，他可以说洞若观火。我想几年前 A 拿他当枪使的事情他一定还记得。他是副校长候选人，当然不希望 A 在学院瞎弄事情。不过说实话，E 称得上是官场上的一股清流，他做人做事是有底线的，是有担当的，这样的领导现在并不多见。他后来官居副校长，我认为他实至名归。E 从副校长退下来后偶尔和人聊起当年处理 A 欺凌我的事情时评价 A，"她喜欢整人"，真是一语中的。

研究分析：与欺凌 B 相同的是，A 对 C 的欺凌与我们平时理解的"穿小鞋"之类的校园欺凌具有完全不同的特点。A 的欺凌方式是"刀刀见骨"的做法，是砸饭碗的做法，这就使高校教师欺凌教师的性质上升到了一个非常严重的程度。因为在现实生活中，如果一个人失去了工作，生活就会成为问题。这不仅会成为一个家庭问题，还会成为一个社会问题。

在这个案例中，A 的欺凌行为可以称得上是简单粗暴甚至愚蠢。C 是 2003 年入职的，入职档案要经过人事处审查，到人事处查档案马上就能够判别 C 的硕士学位证书的真伪。然而，A 欺凌 C 的事件一直持续 3 个多月才消停，这期间学院领导有什么样的考量？为什么没能快刀斩乱麻地加以处理？即使过去了十多年，其原因 C 至今仍不得而知。

按照常理而言，当确认 C 的学位是真的之后，A 的行为就是诬陷。因此，学院就要对 A 做出组织处理。或由学校给予 A 处分，或勒令 A 在全院教师大会上做检讨，至少也应该在全院教师大会上公开批评 A。然而，这些不仅都没有做，反而让 A 继续担任基础部副主任，让 C 当年不能评职称。这种没有是非观念的做法，不仅没有弘扬正气，而且在无形之中助长了 A 的嚣张气焰。

3. "反客为主"的瞒天过海——A 的第三次欺凌行为

访谈人：请谈谈你的经历。

被欺凌者 D：我 1999 年来院工作，与 A 的关系一直一般。A 在 2008 年整 C 的事情我们都清楚，所以一般不与 A 发生正面冲突。我是教电工电子课的老师，近年来也教大学物理，但 A 从来没有教过电工电子课。虽然大学物理和电工电子属于物理学下面的两个学科，但严格说来是两门不同的课程。2013 年学院要求储备电工电子课的师资力量，要求 A 和 C 都来听我的课。A 听了 3 次课就以大学没有上过这门课为由再也不来听了，当然她后续也不会上这门课了。A 为什么不敢接这个课？我觉得就是她的水平问题。她其实很笨，她真的上不了这个课。C 从头到尾听完这门课，后来又连续上了 2 遍电工电子课。这门不仅有理论，还包括 10 个实验。说实话，我还是挺佩服 C 的，快 50 岁的人了，还敢重新开一门课。C 是物理教学论研究生出身，物理功底不错。

A 一直说电工电子课的大纲和实验都有问题。我就不明白，一个连电工电子课都不敢上的人，怎么知道这门课有问题？学生也没有不良意见反映。A 背着我，找她一起编书的所谓专家重新弄了电工电子课的教学大纲与实验教学大纲，还召开了××类专业中物理学相关课程内容建设研讨会，最后的结果就是把教材换成她担任副主编的教材，实验教材换成来参加会议的专家编的教材。其实，开这个会议的主要目的，就是把教材换成她编的教材。

访谈人：A 这样做你觉得哪里不对？

被欺凌者 D：我从来不认为电工电子课不需要改进，但是 A 的动机与方式都存在问题。我作为电工电子课的任课教师和课程负责人，这门课的大纲与教材的变动应该事前与我商量，而不是绕开我她自己来搞。我后来偶然碰到一个教务处的老师，谈到参加这次会议的感受她觉得很奇怪。她说，修订大纲和换用教材应该由任课教师提出，怎么自始至终都没有见任课教师参与和发言？她觉得不合常理。事实上，这个事情摆明了就是 A 欺负我，越俎代庖。A 的潜台词就是：我虽然没有教过电工电子课，但我是物理教研室主任，我的程序是正义的，没有你的同意，我一样可以越过你把你教的课的大纲和教材都改了，把你的课程负责人换掉，你又能怎么样？事实还真是这样。我后来就这个事情找学院领导申诉，没有一个人愿意接这个茬。其实，对 A 的动机，他们一个个心知肚明。

研究分析：

在 A 对 D 的欺凌中，出现一个很有意思的现象，那就是 A 非常注意"程序正义"。在研讨会召开过程中，所有的程序都是"正义"的。会议经过了领导批准，邀请了专家，教务处领导、学院的书记、副院长、系主任都来为 A "站台"，会后还写了会议纪要，换了教材和大纲，顺手还把 D 的电工电子课的课程负责人变成了 A 自己。其实，所谓的"程序正义"并不能证明 A 的"行为正义"，并不能掩盖 A 的动机——欺凌 D。A 的行为就像《皇帝的新装》中的皇帝一样，尽管表演得惟妙惟肖，但参加会议的每一个人事实上都是那个小孩。与那个小孩不同的是，他们深谙"看透不说透，说透不够朋友"的江湖格言而格外配合，说一些言不由衷的话语。至于这个事情是否合理、是否公正，D 是否受了委屈，就完全不在他们的思考范围内了。

4. "上屋抽梯"的请君入瓮——A 的第四次欺凌行为

访谈人：请谈谈 A 第二次是如何欺凌你的。

被欺凌者 C：2019 年的欺凌是 2008 年第一次欺凌的继续。2008 年 A 没有把我赶走，算是结下了梁子，她一直找机会报复。

访谈人：A 具体是如何操作的？

被欺凌者 C：我是一个性情中人，教学科研都是没有问题的。近年来，我教的 16 个班学生网上评教打分平均为 96 分，在全校 1500 余名教师中排名 130，占前 10%；在全院 140 余名教师中排名 33，占前 25%。当然，我自己也有不足，有时候在课堂上会吐槽学校的不足。比如，上课时没有粉笔，没有黑板擦，我就会吐槽；学校没有大礼堂，下雨时学生穿着雨衣集会，我也会吐槽学校。我上课确实接过一次人事处打来的手机，那是因为学院将我的聘期考核错误地由合格弄成不合格而接电话。因为有监控，所以这些吐槽都被监控记录下来。但因为我的教学效果很好，并没有学生把我的吐槽告到学院去。

访谈人：A 是怎么知道这些的？

被欺凌者 C：为了提高本科教学质量，学校把监控视频发到各个学院，让教研室主任观看视频，让老师们改进教学。于是，A 在我教的 16 个班的教学视频中找到 6 段吐槽学校的话剪辑以后直接送给校长，要求学校处理我。

访谈人：最后学校是如何处理的？

被欺凌者 C：我现在正在被迫办理退休手续。回过头来看这个事情，你就会发现中国的高校欺凌就是一部宫斗剧。我这个事情最多就是上课说了不该说的话，既不是意识形态问题，也不是师风师德问题。但是，教务处处长 G 是 A 的老公的博士，A 借着这个关系不依不饶，最后学校给了我一个全校通报批评。关键还不在这里，而是说教学中有科学性错误，停课半年，然后再由学院教学指导委员会听我的课，再决定是否复课。从学校的文件中不难看到 A 的影子。因为所谓的学校文件就是教务处弄的。我明明知道是个坑，但是我也没有办法。

访谈人：最后复课了吗？

被欺凌者 C：复课那是不可能的。学院 H 书记和教学副院长 I 找我谈话，让我写一个自愿停课的材料，然后就停了我的课，这就是《孙子兵法》里面的"上屋抽梯"的第一步。H 书记还安排我去听 A 的课向 A 学习，当我给 A 发微信请求听她的课时，A 给我回了微信：

C 老师，很抱歉我不能接收你这样的徒弟！你还没有从思想上认识到你的严重错误！从学生反映和你的教学视频体现出你严重缺乏物理专业知识及做人的修养，第一步不要听我的课，先进行思政学习和去综合院校物理系进修大学物理专业 4 年本科物理专业的学习，本科课程进修后再进修理论物理专业研究生课程的学习，都学习完毕后再来找我！我接收的徒弟物理基础不能如此的差！

这简直就是赤裸裸的羞辱！

说实话，A 的大学物理功底是非常差的。我们教授大学物理的老师，在业内有一个不成文的共识，那就是教了几十年大学物理课，怎么着也要在《大学物理》杂志上发表过文章。这就是一把无形又有形的标尺，没有在这个杂志上发表过文章，就说明大学物理教学研究水平不行。而 A 不仅不能在《大学物理》上发表文章，而且从来没有在国内任何一个公开发行的物理教学杂志上发表过文章，可以想象她的大学物理功底有多差。

A 对我的诋毁表明她严重缺乏做人的修养，完全是信口开河。我对工作一向是尽职尽责的，2007 年 8 月我的小脚趾骨折，打了石膏，9 月份开学时还没有痊愈，因为没有人代课，我拄着拐杖去坚持上课，一直到学期结束。现在想想学院领导这样对待我，都忍不住落泪。

虽然 A 的物理专业水平差，但是善于营造关系网。比如，A 主编的一本《物理学》教材只有 13 章，编委会成员却有 36 人，简直就是个笑话。还有多个编委根本不是物理专业的，怎么能编写大学物理教材呢？

访谈人：停课期间你都做了什么？

被欺凌者 C：按照学院的要求我去听了不同老师的课，还要一个月交一次听课笔记。到了学期结束的时候，我找教学副院长 I 请求院教学指导委员会听我的课，I 却说时间不到 6 个月，一个学期不等于 6 个月，奇怪不奇怪？为什么 I 这样说，因为她是 A 当年一起住"筒子楼"的伙伴。于是，停课一个学期就巧妙地变成了停课一年。到了快一年的时候，院教学指导委员会听我的课，没有让 A 回避，一帮不懂物理的人听我的大学物理课，结论是：既不能说胜任教学又不说能胜任教学。结论还是不能复课。教学副院长 I 还说，即使让你复课，A 不给你排课，我也没有办法。我想问：她这个教学副院长是干什么吃的？学院下面有系，系下面才是教研室，一个教研室主任不给老师排课就没有办法了？她们作为院领导的职责在哪里？现在来看，她们采用的就是请君入瓮的招数，让我知难而退，这是"上屋抽梯"的最后一步。教学副院长 I 说，教务处的网上评教系统的评分不能作为教师是否胜任教学的依据。我教了一辈子大学物理，学生评教平均分为 96 分，全校 1500 多名教师中排名 130，占前 10%，现在说我不胜任教学，真是没有天理！我后来才知道，学院在我停课期间已经安排一个博士试讲，准备让那个博士入职。学院领导从一开始就没有打算让我复课，就是等我走投无路时让我自己主动提出退休。

访谈人：你怎么评价 A 这次的行为？

被欺凌者 C：A 这次哪里是要帮助我改进教学，就是要置我于死地。我在学院办公室很偶然地看到她举报我的材料，厚厚的一大沓，用 A4 纸打印的，像一本教案一样厚。每页三列，第一列是我哪天上的什么课，第二列是我上课说了什么话，第三列是她的评论。我记得有一页谈到我讲了北京协和医院前院长刘瑞恒为梁启超做手术，因为当时的 X 片不注意左右区分，所以把梁启超的好肾割去而把坏肾保留的故事，意思是告诉同学们学习物理学的重要性。而 A 对我的评价是：恶毒攻击北京协和医院前院长刘瑞恒。因为 A 只接受过物理本科教育，她的知识面非常狭窄，所以才会这样认为。事实上，对于梁启超的手术，北京协和医院病理室原主任马家润在电视访谈节目《揭秘》中都承认："梁启超那个手术，是有些问题的。"

研究分析：

基于研究信度和效度的要求，笔者检索了 C 发表的论文。中国知网检索发现：C 共发表论文 73 篇，其中第一作者 25 篇，包括中国物理学会主办的《大学物理》（2 篇）、中国科学院力学研究所主办的《力学与实践》、中国科学院物理所主办的《物理》等核心期刊文章。进一步检索发现，C 的知网论文下载量为 41714 次，而 A 的论文下载量为 34359 次。因此，客观公正地评价，C 作为一个副教授，大学物理教育研究水平要高于作为物理学教授的 A。

如前所述，鉴于 C 不仅担任过大学物理课的教学工作，还担任过电工电子课的教学工作；C 任教 16 个班的学生评教平均分为 96 分，在全校 1500 余名教师中排名 130，占前 10%；在全院 140 余名老师中排名 33，占前 25%；这就是 C 胜任教学的"铁证"。C 共发表论文 73 篇，其中第一作者 25 篇。因此，可以得出结论：C 是胜任大学物理教学的。

当访谈结束后，笔者的整个研究团队的心情久久不能平复。在震惊、唏嘘之余，B 的叹息、D 的愤懑、C 的垂泪如走马灯一般在眼前不断地呈现。倘若不是进行了这样的深度访谈，焉能揭示出我国高校教师欺凌教师现象是如此的残酷？怎么能想象高校教师欺凌教师现象是这样的无情？尽管笔者的研究只是一鳞半爪，但这样的研究能在一定程度上折射出我国高校教师欺凌教师的现状。

高校教师欺凌教师现象，对受害者而言，带来了愤怒和无助感，对社会公平和正义丧失了信心。对社会而言，它给社会带来的负面影响往往是隐性的。它使我们这个社会犹如一个大坝，虽然表面完好但根基却被暗中逐渐蚕食。因此，对高校教师欺凌教师的负面影响绝对不能低估，这正是本文研究的价值与意义所在。

三、研究结论

基于访谈材料的深入分析，并结合中国知网、微信截屏等材料，得到如下研究结论。

1. 高校教师欺凌教师呈现"关系决定论"特点

杨国枢等在《中国人的心理与行为——理论及方法篇》[①] 一书中指出：中国人在处理人际关系时，常常遵循"亲疏有别，内外有别"的原则，即熟人之间讲人情与交换，生人之间则常常依照当时的利益和利害关系行事。因此，在中国社会中，关系非常重要，对很多传统中国人来说，人与人之间的关系并不是平等的，而是根据关系的远近有所差别。在熟人之间，往往利用自己的权限互开方便和利益之门，互相照顾。

事实正是如此，在 A 每次欺凌同事的过程中，都可以看到各位领导处理问题的不符合逻辑之处。B 被安排上数学课而失去入职机会，C 被诬陷学位是假的不能评职称，A 没有上过电工电子课却当上课程负责人，C 被学生评教 96 分却认定为不胜任教学。凡此种种，都可以若隐若现地感受到 A 后面关系网的影子。

高校教师欺凌教师的"关系决定论"特点，又进一步表现为相关关系人

---

① 杨国枢，余安邦. 中国人的心理与行为：理论及方法篇 [M]. 台北：桂冠图书公司，1993.

的"公器私用"现象。比如，学院教学指导委员会听 C 的课，以决定 C 是否能复课，从公平公正的角度出发，A 作为"揭发人"应当回避。但当 C 向 I 副院长提出这个问题时，I 根本不予理睬，结果是 A 不仅不回避还全程参与。因此，最后的结果可想而知。

2. 高校教师欺凌教师呈现压制个人诉求取向

权力根源理论可以很好地解释 E 所言的"她喜欢整人"这一评价。这一理论认为，欺凌行为发生的主要原因在于人的控制感及权力感，也就是说，对他人的压迫和统治是欺凌的一个主要特征①。因此，欺凌者 A 反复对不同被欺凌者进行多次欺凌的行为也可以反映出其具有很强的权力感，渴望甚至已经习惯对他人实施控制。在高校教师欺凌教师的行为发生时，由于权威主义与等级观念，拥有人脉或权力的一方，认为人脉或权力是自己的保护伞，可以恣意妄为，欺凌对方。而权力和资源弱小、匮乏的一方，往往会认为自己无力反抗欺凌，只能默默忍受。

在本研究中，尽管 A 只是一个教研室主任，但由于拥有人脉资源，就可以将人脉与权力运用到极致。尤其是 A 在不同欺凌过程中所运用的"借刀杀人""无中生有""反客为主""上屋抽梯"等手段，充分显示了高校教师欺凌教师的行为特点。

在高校教师欺凌教师的过程中，单位领导往往强调中庸之道，注重和谐局面的维持，也在一定程度上压制了被欺凌者正当的个人诉求。中庸之道是中国人推崇的为人之道，其含义是②：不偏倚，用其中。而调和、折中、妥协则是中庸之人应对冲突的秘诀所在。因此，当受害者投诉时，经常被耍太极、和稀泥，以全局为重、工作为重等理由不了了之，至于是否公平、公正就难以追究下去了。这种为了追求表面和谐的现象，已经到了为追求和谐而和谐的程度。对于受害者而言，无论有理没理，破坏和谐，维护自己权益的行为都是不对的。成功达到欺凌目的的，往往还是那些有一定关系的人。比如 D 的遭遇，明明 A 从来就没有担任过电工电子课的教学，但 A 却当上了课程负责人。对于 D 的申诉，学院党委书记、副院长睁一只眼闭一只眼，相互推诿甚至表现得不耐烦，最后让 D 知趣识相，知难而退。

3. 高校教师欺凌教师的"欺凌协助"解释

研究表明，在校园欺凌发生时，有六种不同的参与者角色：欺凌者、被欺凌者、欺凌协助者、煽风点火者、消极旁观者（局外人）和积极旁观者（保护者）（Salmivalli, 1999）。根据参与欺凌事件的性质，可以把六种参与者

---

① 胡春光. 校园欺凌行为：意涵、成因及其防治策略 [J]. 教育研究与实验, 2017 (1): 73-79.
② 郭靖, 张碧红, 黄绿香, 等. 职场欺凌的中国文化背景分析：基于深度访谈的探索性研究 [J]. 中国临床心理学杂志, 2015 (2): 302-307.

大致划分为欺凌者、被欺凌者和旁观者三类。欺凌协助者和煽风点火者都可以归为欺凌者。因为在欺凌发生时，这两种角色都直接或间接地促进了整个欺凌行为的发展，让被欺凌者的身心受到更多的痛苦。在本研究中，笔者认为，A 之所以能在近 20 年时间内欺凌不同的对象且从来没有受到任何惩处，其原因就在于，在 A 的周围有一群欺凌协助者。因此，这就可以建立一个高校教师欺凌教师的"欺凌协助者"解释模型。

"欺凌协助者"模型认为，我国高校教师欺凌教师的原因并不能用"旁观者"模型加以解释，而是呈现出典型的"欺凌协助"现象，这与我国高校教师欺凌教师所具有的"关系决定论"特点有着因果关系。如果没有欺凌协助者，欺凌者的行为将寸步难行。正是这些欺凌协助者以直接或间接的方式帮助了欺凌者，从而促进了整个欺凌行为的不断延续与发展。比如，C 仅仅因为上课讲了和教学内容无关的话受到了通报批评，然而最后的结果却是失去了站上讲台的权利。是谁剥夺了 C 所拥有的高校教师的讲课权利？是谁使她 34 年的教学生涯戛然而止？倘若不是一群围绕在 A 身边的欺凌协助者在帮助 A 欺凌 C，仅凭 A 一个人是绝对没有这么大的能量的。在这个意义上，欺凌协助者是欺凌行为的助推剂，甚至比欺凌者更可恶。

四、研究建议

由于中国人有远是非、逆来顺受的性格特点，绝大多数受害者对欺凌行为持以隐忍和沉默的态度，使欺凌者得寸进尺，变本加厉。更为重要的是，大学还经常默许甚至鼓励这种现象的发生，不仅没有为受害者提供有效的帮助，而且缺乏有效的处理欺凌事件的部门与程序，这些都客观地纵容了大学教师欺凌教师现象的发生。有鉴于此，本书从一个独特的视角，力图揭开这个广为人知但又讳莫如深的话题，进行了真实而客观的研究。这对在高等学校弘扬社会主义核心价值观，落实立德树人的根本任务，推进我国高等学校的持续健康发展，都有着重要的价值和意义。

1. 让公平正义成为大学的重要精神

正义是人类社会永恒的主题，通常被认为是平衡道德的依据、进行奖惩的标准。它既是构建合法社会制度的理论基础，也是构建道德体系的理论基础。它广泛渗透在哲学、政治经济学和伦理学中，从古至今，历久弥新，成为哲学家、思想家探究的根本问题。20 世纪 70 年代，美国当代著名政治哲学家约翰·罗尔斯出版了《正义论》专著，从公平正义入手，全面系统地论证了自由与公平、个人与国家、机会与结果等社会政治问题，力图为现代西方社会重建公平正义的道德基础。他的学说对西方政治哲学产生了重要的影响，引发了西方学界对公共理性与社会行为、个人权利与社会共同体要求、个人价值与社会正义、社会多元与社会统一、自由与平等、民主与秩序等重大理论问题的广泛讨论，从而形成了当今西方社会政治哲学的繁荣局面，以至于人们将《正义论》的出版视为罗尔斯时代出现的标志。罗尔斯的正义观，视野虽然限于美国社会，但是通过回顾和探讨他关于公平与正义、平等与效率等一系列观点，并对我国高校教师欺凌教师的行为进行合理的反思，对改进高校教师欺凌教师现象将大有裨益。与柏拉图将正义理解为等级与秩序不同，罗尔斯倾向于从公平的意义上对正义进行规定与阐释，他认为在社会价值多元化的现实环境中，个人间的合作与竞争持续下去的要素就是公平[①]。

卢梭在《忏悔录》一书中对当时社会制度的控诉，可以为当下高校教师欺凌教师现象的解决提供启示。卢梭指出："真正的公益和真实的正义总是为一种莫名其妙的表面秩序做出牺牲，而这种表面秩序实际是在摧毁一切秩序，而且只是对弱者的被压迫和强者的不义的公开权力予以认可。"同样，在高校教师欺凌教师时，欺凌者往往基于看似合法的工具主义的程序观念，维持着压迫弱者、维护私权的表面秩序。程序正义理论在我国向来不甚发达，法学理论、立法和司法实践中弥漫着工具主义甚至程序虚无主义的迷雾，而这一套程序正义的观念正在逐步被美国学者杰里·马修的"尊严价值理论"所修正。尊严价值理论强调，评价法律程序正当性的主要标准是它使人的尊严获得维护的程度。这种体现于法律程序本身的价值，是以人类普遍的人性为基础而提出的[②]。在高校教师欺凌教师的实践中，更应该凸显对高校教师的人文关怀，维护教师的人格尊严。

公平与正义不仅是做人的基本准则，还是践行立德树人根本任务的关键环节。正如习近平总书记所说："立德树人"就是要引导青年学生"做到明大德、守公德、严私德"。"德"之内涵是丰富多维的，"立德"任务是广泛多向的。"灵魂"是"德性"的精华，一个真正"有德性"的人必定是"有灵魂"的人。人因德而立，德因魂而高，"魂"是"德"的统领与根基，"立德"的根本在于"铸魂"，"铸什么魂"决定着"立什么德"，"铸魂育人"决定着"立德树人"的性质和方向。显而易见，在高等学校中欺凌其他教师的人是私德有问题的人，而私德有问题的人，就不可能守住公德，更遑论明大德。因此，在这个意义上，深入研究高校教师欺凌教师问题，对落实立德树人的重要任务，就具有重要的价值与意义。

[①] 谢鹏. 作为公平的正义——兼评约翰·罗尔斯《正义论》知识谱系与理论框架 [J]. 理论与当代，2019（12）：26-28.

[②] 陈瑞华. 程序正义的理论基础——评马修的"尊严价值理论" [J]. 中国法学，2000（3）：145-153.

2. 大学应该培育教师的健全人格

精神技能理论指出，欺凌者比被欺凌者的社会智能高，前者拥有良好的社会认知与心智技巧，能熟练运用言语或肢体攻击等心智手段去操纵受害人，以微妙无痕的破坏方式达到欺凌受害者的目的，更为精明且巧妙的是他们不会被轻易地贴上欺凌被害人的标签[①]。由此可见，对欺凌者而言，拥有更高的社会智能不仅不能表明其拥有更加健全的人格，而且这类欺凌者还常常借助其高超的精神技能来打造出一副具有良好的师德的教师。这也就不难理解，为什么欺凌者 A 强行给被欺凌者 C 加上师德师风有问题的标签。

从根本上说，消解高校教师欺凌教师现象，要求大学应该培育教师和学生自由而健全的人格、敢于担当的精神，让教师与学生成为一个阳光磊落的大写的"人"，秉持富贵不能淫、贫贱不能移、威武不能屈的精神，而不应该是心理幽暗、出卖他人的"病人"。

《人民日报》曾发表《"神题"侵害大学精神（新语）》[②] 一文，文章认为：不告密、不揭发，与其说是一种可贵品质，不如说是一条道德底线。告密成风的社会，是人人自危的社会，告密使人与人之间失去基本信任，甚至相互侵害，冲击人们的价值判断，毁掉社会的道德基础。

文章开始就引用美国电影《闻香识女人》中的一段台词："我不知道，查理今天的缄默是对还是错，但我可以告诉你，他决不会出卖别人以求前程。而这，朋友们，就叫正直，也叫勇气，那才是领袖的要件！"在片中，查理无意间目睹了几个学生对校长的恶作剧，校长逼查理交代谁是主谋，否则将开除他的学籍。查理的忘年交、盲人史法兰，在听证会上谴责校方正在毁灭这个孩子纯真的灵魂。演讲博得如潮掌声，使校方最终作出让步。

"不出卖别人以求前程"，是正直，也是勇气。这不仅是为个人辩护，更是为一种优秀品质辩护。一种风气的形成，有其历史土壤；而其消泯，更是难上加难。至今，这种"告密揭发"思维还时常作祟。在本研究中，A 的行为就是一种典型的告密行为。

不告密、不揭发，误区就在于一个标准问题：一是到底什么事情可以揭发检举、什么事情不可以揭发告密；二是什么人之间可以揭发检举、什么人之间不可以揭发检举。这是一个标准问题，也是一个原则问题。首先，对"生活中非原则的一般性问题"当然不能告密和揭发，这就是一个道德问题。但是，对大是大非的原则性问题则必须坚决地斗争，斗争方式一是当面的驳斥，二是背后的揭发检举。对违法犯罪行为必须检举揭发，对可能危及社会

---

① MA X, STEWIN L L, MAH D L. bullying in school: nature, effects and remedies [J]. Research Papers in Education: Policy & Practice, 2001 (3): 247-270.
② 刘成友. "神题"侵害大学精神（新语）[N]. 人民日报, 2015-01-23 (12).

安全稳定的问题应当作坚决的斗争的方式，也当然包括检举揭发。比如对教师亵渎女学生问题，无论是谁都要进行坚决的揭发与斗争。

3. 应引入独立的第三方校园评判机构

当前，对高校教师欺凌教师问题，无论从理论还是实践层面都没有得到很好的解决。原因在于，一是校园欺凌问题的专业性，导致高校自身很难有效解决这个问题。二是中国人在处理人际关系时遵循的"亲疏有别，内外有别"的原则，致使高校在解决教师欺凌问题时常常难以做到"一碗水端平"。因此，引入独立的第三方校园欺凌评判机构就不失为一个好方法。比如，美国校园欺凌的治理就注重多部门、各层面的协同合作，通过立法在社会、政府、学校与家庭之间形成以"学校"为轴心的防治校园欺凌的协同治理体系，其中就包含社区团体等第三人的角色，这是值得我们借鉴的（图 3-1）。

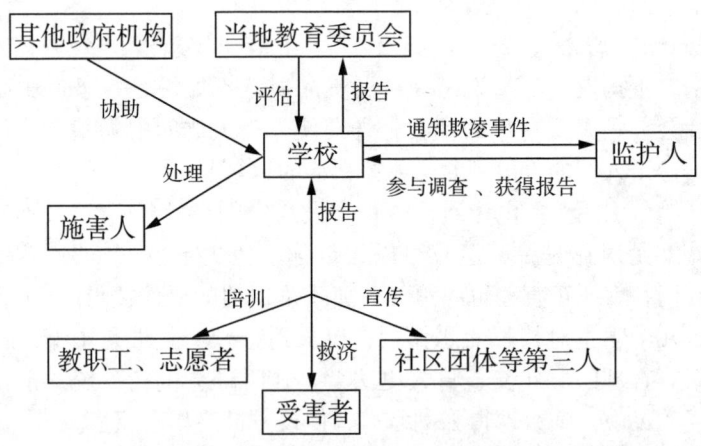

图 3-1　美国校园欺凌的协同治理示意图

同样，在澳大利亚，当大学发生教师矛盾时，校方在处理人事纠纷方面也是秉持"公正"原则。有这样一个案例，J 和 K 都是一所大学具有永久职位的教师，但是级别相差很多。J 是最基层的老师，负责某个实验室。K 是教授，他的团队每年都发表大量的学术成果。在 K 快速发展的同时，他相中了 J 管理的某个实验室。他首先希望安插一些"自己人"参与管理这个实验室。一开始 J 觉得让一部分人参与管理，自己还省事了。但是，久而久之，K 开始合计如何将 J 排除在这个实验室之外，由自己来管理这个实验室。这时，J 明显感受到 K 给他带来的威胁。因为 J 的职责就是管理这个实验室，如果没有实验室，就意味着他在学校"无用武之地"[①]。于是，J 将 K 的行为报告了他

---

① 喻海良. 大教授欺负"小"老师，学校怎么判？[EB/OL]. (2015-12-02) [2020-02-06]. http://blog.sciencenet.cn/blog-117889-940507.html.

所在学院的院长。院长出来调停，结果碰了一鼻子灰。他虽然是院长，但还只是一个副教授，低人一头。没有办法，这件事情最后闹到了学校人事处。如果在国内，相信人事处一定会维护 K，因为 K 对学校的贡献远远超过 J，要经费有经费，要人员有人员，要论文有论文。

然而，澳大利亚有一个特点，就是在教师权益方面，无论是大教授还是小老师，大家都是平等的。因此，在学校层面上不能也不会表现出任何"差异"。为了维护学校的"公正"，学校出钱单独请了校外的调查公司对 J 和 K 的矛盾进行"公平、公正"的第三方调查。

因此，当高校发生教师欺凌教师现象时，聘请校外第三方评判机构，如北京电视台的《第三调解室》栏目团队等，那样就不失为一个好的方法。这是因为，这一团队有人民调解员、律师、心理专家为当事人答疑解惑、梳理思绪，促使各方当事人达成调解。节目当场签订人民调解协议书并加盖人民调解公章。协议具有法律效力，当场生效。这样的专业评判，能够为法律赋予亲情的温度，给人心注入柔软的力量，从而给高校教师欺凌教师案例以不偏不倚的评判结果。

实际上，罗尔斯认为正义之所以有必要在公平的意义上加以理解，其根本原因在于，只有契约规定了一个被广泛认可的、公平的起始条件，人们才会发自内心地选择正义这一原则来规范人与人之间的关系[1]。这就需要个体在合作与竞争中秉持严格的契约精神，制定公平的起始条件，只有这样人们才会自觉接受正义的原则，这一契约的合法范围与边界在必要时则需要第三方评判机构加以框定，从而公平合理地判断与处理高校教师欺凌教师事件。

---

[1] 谢鹏. 作为公平的正义——兼评约翰·罗尔斯《正义论》知识谱系与理论框架 [J]. 理论与当代，2019（12）：26-28.

第四章　教学设计的维度设计

[本章导读]

本章介绍"立德树人+教学设计+教学技能"的三维大学课堂教学评价模型的第二部分——教学设计。笔者提出，在评价大学课堂教学设计时，应当主要依据教学目标是否明确、教学方法是否得当、教学手段是否多样、教学本质是否清晰、教学逻辑是否顺畅，以及教学创新是否显著六个亚维度来展开。这样对教学设计的理解，就超越了传统教学设计的学习需要分析、学习内容分析、学习者分析、学习目标阐明、教学策略的制定、教学媒体的选择和运用、教学设计成果评价等维度的束缚，从而使我们对大学课堂教学设计的认识产生质的飞跃。

第一节　课堂教学目标的确立

教学的一般目的或称为教学的总目标是作为统领教学活动全局的一种指导思想而存在的。它是为实现教育目的而提出的一种概括性的总体要求，把握的是教学的发展趋势和总方向。然而，教学总目标毕竟只是对教学活动的一种原则性规定，对复杂的教学活动来说，只有一个原则性的规定是不够的。布鲁姆等人把教育目标分为认知、动作技能和情感三个领域，而每一个领域的目标又由低级到高级分成若干层次。大学教学设计的目标也同样契合三种目标分类，具体介绍如下。

一、教学目标的层次

（一）认知领域的教学目标

1. 知道

知道指对先前学习过的知识材料的回忆，包括具体事实、方法、过程、理论等的回忆。知道是这个领域中最低水平的认知学习结果，所要求的心理过程主要是记忆。

2. 领会

领会指把握知识材料意义的能力。可以借助三种形式来表明对知识材料的领会：一是转换，即用自己的话或者与原先的表达方式不同的表达方式来表达所学的内容；二是解释，即对一项信息（如图表、数据等）加以说明或概述；三是推断，即预测发展的趋势。领会超越了单纯的记忆，代表最低水平的理解。

3. 运用

运用指把学到的知识应用于新的情境。它包括概念、原理、方法和理论的应用。运用的能力以知道和领会为基础，是较高水平的理解。

4. 分析

分析指把复杂的知识整体材料分解为组成部分并理解各部分之间的联系的能力。它包括部分的鉴别，分析部分之间的关系和认识其中的组织原理。分析代表了比运用更高的智力水平，因为它既要理解知识材料的内容，又要理解其结构。

5. 综合

综合指将所学知识的各部分重新组合，形成一个新的知识整体。它包括发表一篇内容独特的演说或文章，拟定一项操作计划或概括出一套抽象关系。它所强调的是创造能力，形成新的模式或结构能力。

6. 评价

评价指对材料作价值判断的能力。它包括按材料内在标准或外在标准进行价值判断。例如，判断实验结论是否有充分的数据支持。这是最高水平的认知水平结果，因为它要求超越原先的学习内容，并需要基于明确标准的价值判断。

（二）动作技能领域的教学目标

辛普森等人1972年的分类，将动作技能教育目标分成七级，是目前应用较广泛的一种分类体系。

1. 知觉

知觉指运用感官获得信息以指导动作，主要了解某动作技能的有关知识、性质、功用等。

2. 准备

准备指对固定动作的准备，包括心理定向、生理定向和情绪准备（愿意活动）。知觉是其先决条件，我国有人把知觉和准备阶段统称为动作技能学习的认知阶段。

3. 有指导的反应

有指导的反应指复杂动作技能学习的早期阶段，包括模仿和尝试错误。通过教师或一套适当的标准可判断操作的适当性。

4. 机械动作

机械动作指学习者的反应已成习惯，能以某种熟练和自信水平完成动作。这一阶段的学习结果涉及各种形式的操作技能，但动作模式并不复杂。

5. 复杂的外显反应

复杂的外显反应包含复杂动作模式的熟练动作操作。操作的熟练性以精确、迅速、连贯协调和轻松稳定为指标。

6. 适应

适应指技能的高度发展水平，学习者能修正自己的动作模式以适应特殊的装置或满足具体情境的需要。

7. 创新

创新指创造新的动作模式以适合具体情境。强调以高度发展的技能为基础进行创造。

（三）情感领域教学目标

布鲁姆情感学习领域的教学目标与加涅学习结果的态度类教学目标是相对应的。情感是对外界刺激的肯定或否定的心理反应，如喜欢、厌恶等。个体的情感会影响他做出行为上的选择。情感学习与形成或改变态度、提高鉴赏能力、更新价值观念、培养感情等有关，这是教育的一个重要方面。然而，这方面的学习目标却不容易编写。克拉斯伍等制定的情感领域的教育目标分类于1964年发表，其分类依据是价值内化的程度。该领域的目标共分五级。

1. 接受或注意

接受或注意指学习者愿意注意某特定的现象或刺激。例如，静听讲解参加班级活动、意识到某问题的重要性等。学习结果包括从意识某事物存在的简单注意到选择性注意，是低级的价值内化水平。

2. 反应

反应指学习者主动参与，积极反应，表示较高的兴趣。例如，完成教师布置的作业，提出意见和建议，参加小组讨论，遵守校纪校规等。学习的结果包括默认、愿意反应和满意的反应。这类目标与教师通常所说的"兴趣"类似，强调对特定活动的选择与满足。

3. 评价

评价指学习者用一定的价值标准对特定的现象、行为或事物进行判断。它包括接受或偏爱某种价值标准，以及为某种价值标准做出奉献。例如，欣赏文学作品，在讨论问题中提出自己的观点，刻苦学习外语等。这一阶段的学习结果所涉及的行为表现出一致性和稳定性，与通常所说的"态度"和"欣赏"类似。

4. 组织

组织指学习者在遇到多种价值观念呈现的复杂情境时，将价值观组织成一个体系，对各种价值观加以比较，确定它们的相互关系及它们的相对重要性，接受自己认为重要的价值观，形成个人的价值观体系。例如，先处理集体的事，然后考虑个人的事；形成一种与自身能力、兴趣、信仰等协调的生活方式等。值得重视的是，个人已建立的价值观体系会因为新观念的介入而改变。

5. 价值与价值体系的性格化

价值与价值体系的性格化指学习者通过对价值观体系的组织，逐渐形成个人的品性。各种价值被置于一个内在和谐的构架之中，它们的层级关系已确定。个人言行受其所确定的价值观体系的支配。观念、信仰和态度等融为一体，最终的表现是个人世界观的形成。这一阶段的行为是一致的和可以预测的。例如，保持良好的健康习惯，在团体中表现合作精神等。

二、教学目标的内容

（一）知识与方法

知识是对客观事物属性与联系的反映，是客观世界在人脑中的映象，它源于外部世界，具有客观性。对于一个学科而言，知识的表现形式为概念与规律。对于知识的价值，培根曾有过"知识就是力量"的俊语。事实上，知识作为教学目标的基础，其本身就是教学目标的要素，而不应当仅仅把知识"在头脑中的提炼和升华"作为教学目标的要素。皮（知识）之不存，毛（观念）将附焉？历史经验表明，不注重知识的吸收而片面强调创新，必会孳生虚妄，引发教学中"去学科化""轻视知识"的形式主义思潮泛滥。由此可见，唯有注重学生对知识的学习，才能使其更好地认识和理解客观世界，为思维的发展与技能的掌握奠定坚实的基础，并且思维与技能也只有在掌握与运用知识的过程中才能得以发展。可以说，知识是学生思维的材料与载体，是大脑在解决问题过程中操纵的"软件"。

知识不仅对学生形成知识结构具有重要的意义，而且对学生解决问题也起着至关重要的作用。学生在生活实际中所面临的问题均有复杂的社会背景和学科背景，与专业学科知识联系密切，因而可用的结构化知识越多，就越有助于问题的解决。在这个意义上，知识成为教学目标的基础要素毋庸置疑。

以物理学科为例，物理学是研究物质运动最一般的规律、物质的基本结构及其相互作用的学科。物理学科的基本结构就是物理学的基本概念、基本原理（包括基本定律和基本理论）和基本方法，以及它们之间的相互联系。物理学的学科特点包括：①物理学是一门实验科学，它的根基在实验，一切理论要以实验作为唯一检验者；②物理学是一门严密的理论科学，它以物理概念为基石、以物理学定律为主干，建立了经典物理学与现代物理学及其各分支的严密的逻辑体系；③物理学是一门定量的精密科学，它从把物理概念转变为物理量开始，利用种种数学手段为理论与实践开辟道路，使物理学的结论可以在任意地方加以严格检验；④物理学是一门应用广泛的基础科学，它是其他自然科学和各种工程技术、国民经济各生产部门特别是现代新技术革命的基础；⑤物理学是一门带有方法论性质的科学。物理学从它的早期萌芽阶段到近现代的发展，都以它丰富的方法论和世界观等充满哲理的物理思想影响着人们的思想、观点和方法，影响着社会思潮和社会生活，因此，物理学曾被称为"自然哲学"。

概而言之，学科的基本特征就是以知识为基石所形成的严密的逻辑体系。因此，教学设计的建构理所当然地就应当以知识为基石。

教学内容除了知识，还包括学科方法。方法是人们在认识和改造客观世界的实践活动中总结出来的行为方式，是人们认识和改造自然的有效工具，对知识的建构有着重要的作用，如教学中常用的比值定义法、控制变量法等。

作为知识结构之一的学科方法，与学科知识是平行的，并对知识的获取与应用有关键性的作用。通过对学科方法的不断积累和应用，一方面，能使学生形成一种迅速借助方法获取知识的心理定式，使学生将新知识与头脑中的已有知识建立起本质性联系，完成知识间的同化与顺应；另一方面，能帮助学生在面对问题时迅速抓住问题的要害，找出破解的途径。比如，笔者曾经指导高中生运用"外推法"，利用两位美国科学家发表在《自然》杂志上的鹦鹉螺化石气室外壳上的生长线条数数据[1]，得到月球最初被地球俘获绕地球运动的时间距今为 7 亿年的结论，研究结果发表在中国科学院力学研究所主办的核心期刊《力学与实践》杂志上。

需要注意的是，学科方法与思维方法有本质的区别。它具有很强的"间接性"，即对学习个体而言，学科方法并不是由大脑直接产生的，而是被"安装"在大脑中并接受大脑的操控。它需要更多的专业知识支持，即借助外部信息的输入和大量的知识存储，才能达到解决问题的目的。基于这一特点，

---

[1] KAHN P G, POMPER S M. Nautiloid growth rhythms and dynamical Evolution of the Earth-Moon system [N]. Nature, 1978, 275 (19): 606–611.

学科方法与学科知识的习得机制一样，均为传授。

虽然学科方法与学科知识在本质上是统一的，但严格说来，两者又有不同的特点。学科知识与客观的物质世界本身联系密切，是对客观世界的描述与反映；而学科方法涉及的是人类认识物质世界的途径与方式，具有高度的抽象性。同时，学科方法不直接由学科知识来表达，往往隐藏在知识的背后，支配着知识的获取和应用。

综上所述，学科知识和学科方法相互联系，共同组成了学生学习内容的知识结构。它们是客观的，存于学生的头脑之外，不以学生的意志而改变。学科知识和学科方法因其基础性、可植入性与可传授性等特点，成为教学目标的基础。倘若学生头脑中没有学科知识与学科方法的持续浸润，其思维与技能也会慢慢退化，乃至丧失。

（二）思维与技能

教学目标的组成不仅包括学科知识与学科方法这种客观要素，还应当包含主观要素，即思维与技能。它们是人脑特有的功能，是大脑的"硬件"。客观知识结构需经学生大脑的吸收与转化，才能转变为学生的认知结构。在这一过程中，思维和技能发挥着决定性作用。

教学不单纯是一个"知育"的过程，还是一个"智育"的过程，即在进行知识教学的同时，促进学生智力的开发。所谓智力，是指人们认识与理解客观事物并运用知识、经验等解决问题的能力，包括观察力、注意力、记忆力、思维力、想象力等。其中，思维力（或称思维方法）居于人类智力活动的核心地位，是人脑进行的操作过程和方式，在各种问题解决中扮演着一般策略和方法的角色。思维是大脑的固有功能，往往以分析、综合、抽象、概括、比较、判断、假设、推理、直觉、想象等形式对头脑中的研究对象进行加工与处理，其发展与培养需要进行相关的训练才能完成。从学习活动角度看，思维贯穿学习活动的始终，思维能力亦是学习能力的核心，是接受知识、发现知识、建构知识的前提。无论是科学现象的观察、科学数据的测量、科学模型的抽象、科学概念的形成、科学理论的建立，还是应用理论解决实际问题，都离不开思维的参与。

近几十年来，心理学对思维、智力的研究取得很大进展，代表性理论有加登纳的多元智力理论、斯滕伯格的成功智力理论、珀金斯的"真（True）智力"理论、塞西的智力生物生态学模型、高尔曼的情绪智力理论等。这些理论均具有实验基础，同时也有一定的应用研究，但用作思维教学内容却并不合适。因为这些理论都是研究思维或智力本质的，既与学习过程的"学科方法"不匹配，又与学习过程的思维表现不一致。因此，在教学目标研究中"返璞归真"，以教学心理学为基本范式，并基于物理教育这一知识丰富领域的基本现实，提出具体的思维方法及其教学要求，是一条更为切实可行的方案。

由于思维教学内容并不与学科知识发生直接联系，而是要通过学科方法这一"中介变量"与学科知识发生联系，这是造成思维教学内容难以建立的原因。我们的研究发现，在思维教学内容研究中，存在着一条不易被发现的"研究路径"，那就是从"学科知识→学科方法→思维方法"的"研究路径"，即从学科知识找寻学科方法，再由学科方法找寻思维方法。这样，就使最终建立的思维教学内容既与学科方法具有联系，又与学科知识存在关系。

按照由学科方法寻找思维教学内容的研究思路，可以为学科思维教学内容的建立打开了一扇大门。比如，加速度、场强等物理量的定义要用到比值定义法（物理方法），而比值定义法的背后就是比较（思维方法）；推导动能定理、机械能守恒定律要用到演绎推理法（物理方法），而演绎推理法的背后就是推理（思维方法）。显然，借助学科方法寻找思维教学内容就成为一个行之有效的途径。

由此，笔者尝试提出思维教学内容。它包括分析、综合、抽象、概括、比较、判断、假设、推理、直觉、想象。思维教学的内容并不限于此，但以上 10 种思维内容是最基本、最重要的。在教学中把这些思维教学内容落实到位，就抓住了思维教学的"牛鼻子"，也就初步解决了思维教学内容"无米之炊"的问题[1]。

要实现我国课程教学的实质性变革，思维教学不仅是有效手段，也是必经之路。如何在学习、吸收、应用国外思维教学研究成果的基础上，有效发挥后发优势是我国教育界需要认真思考的问题，而"科学思维"课程目标的理论完善与实践可行是发展学生核心素养的基本前提。

技能是个体运用已有知识经验，通过练习而形成的智力动作方式和肢体动作方式的复杂系统，包括心智技能和操作技能。其中，智力技能是在智力活动中获得的控制自己智力动作执行的经验，具有内隐性的特点，如心算、速算、估算、解决问题等。心智技能的形成可以帮助学生将庞杂的知识系统化，将理论化的方法论体系、精密的数学工具内化于心，在使用时迅速提取，而不必"现用现查"；操作技能是通过练习而形成的一种合乎法则的行动方式，具有外显性的特点。操作技能还表现为把个别动作统一为动作整体，并使动作的各个部分高度协调，从而自动控制一系列动作的完成。操作技能在实验中起着至关重要的作用。[1] 如仪器组装、调试、故障排除等。可以说，熟练的操作技能不仅确保了实验的成功，而且节约了宝贵的时间。

---

[1] 邢红军. 中小学思维教学内容的深化研究[J]. 课程·教材·教法，2016，36（7）：33–39.

研究显示，技能的熟练程度影响着学生认知水平的发展。技能的弱化或缺失均会迟滞学生的学习效率，阻碍问题的解决。良好的技能训练则为认知活动的频繁出现提供了条件，有利于积极心理定式的形成。因此，技能掌握的过程也是学生核心素养提升的过程。掌握系统的技能，可以使活动自动化、熟练化与简约化，从而加速新知识的学习以及问题的解决，确保认知活动顺利进行并成功完成。在《教育目标分类学——动作技能领域》中，E. J. 辛普森给出了动作技能的教育目标，包括：①知觉；②定式；③指导下的反应；④机制；⑤复杂的外显反应；⑥适应；⑦创作。这应当作为物理核心素养中的技能维度的要求[①]。

　　在实验教学中，技能的要求其实非常高且细致。比如，布朗运动实验就包括：①载玻片与盖玻片的制作；②显微镜倍数的选择；③旋转粗调旋钮将镜头向下降至离盖玻片约1mm处；④再旋转微调旋钮向上，直至在视野里看到布朗运动现象。

　　与知识和方法的客观性相比，技能与思维具有很强的主观性，其发展要借助主体有意识的锻炼，而非教师单纯的传授。因此，技能与思维在习得机制上高于知识与方法，位居教学目标组成要素的第二层次。

（三）思想与观念

　　大学教育的核心要诣不仅是将学生培养成为有知识、有技能并且掌握科学方法的人，而且还要使之成为有洞见、有智慧的人。因此，教学目标还应该包括人类在理性认识基础上产生的认知，即学科思想与学科观念，两者具有主观能动作用，可以积极指导、运用思维、技能等改造客观世界。相比知识与方法的"软件"特性、思维与技能的"硬件"特性，思想与观念可谓是教学目标的"驱动"。

　　以物理思想为例，物理思想是在物理学发展过程中由物理学共同体对物理知识、物理方法进一步概括而形成的关于物理学本质的深层认识。它的形成是一个从科学家"个人科学"到科学共同体"公开科学"的历程，科学家非常规的思考、艰辛的探索过程和激动人心的体验，构成了物理思想非凡境界的源泉。物理思想具有独特的教育价值与意义，物理思想为学生揭示出客观事实与科学知识之间内在的、必然的本质联系，从而使学生形成对科学世界的普适认识。同时，学生唯有将习得的知识和方法提升至思想高度，才能转化为自身能力的提高。此外，物理思想还引领着科学方法的形成与运用，对科学理论的发展起着决定性作用，爱因斯坦引力波存在的假说便是在物理思想的引领下产生的。可以说，正是物理思想使科学世界从散碎的知识形态上升为系统的普适形态，并建构起从感性认识通向理性认识的桥梁。然而，在物理教育蓬勃开展的今天，物理思想却始终未能纳入物理课程标准与物理核心素养之中，令人遗憾。

学科思想作为独立存在的理论体系，能引领学科方法的形成与运用，并对学科理论的发展起决定作用。客观世界中的现象通过方法的参与及思维的加工得以上升为知识形态，进而形成严密的理论体系。若要进一步揭示客观事实与知识之间内在的、必然的本质联系，形成对现实世界的普适认识，就需要学科思想的参与。可以说，正是学科思想使现实世界从散碎的知识形态上升为系统的普适形态，并建构起从感性认识通向理性认识的桥梁。

学科思想与学科方法既有联系又有区别。学科思想由学科方法所生成，但不是所有的学科方法都蕴含着学科思想，也不是所有的学科方法都能上升到学科思想的层面，只有那些能够反映学科本质的深层与普适方法，才能上升到学科思想的高度。比如，密度是物理知识，得到密度的比值定义法属于物理方法，而比值定义法的背后则隐含着比较的物理思想。

为了在教育教学中让学生充分领略"公开的学科思想"并最终让学生形成"个人的学科思想"，就有必要从学科思想的特征出发，归纳出学科思想的主要组成部分。以物理学为例，物理学思想就包括：①对称思想；②守恒思想；③可逆思想；④等效思想；⑤假说思想；⑥比较思想；⑦转换思想；⑧相干思想；⑨量子化思想；⑩相对性思想。[①]

同样，学科思想与学科观念之间也既有联系又有区别。学科观念是重要学科思想的浓缩，但不是所有的学科思想都可以浓缩为学科观念，只有代表学科最本质规律的认识，才能称为学科观念。由于从学科知识教育到学科观念教育的逐次递进，导致学科方法教育、学科思想教育、学科观念教育与学科知识教育的联系依次变得薄弱。尤其是学科观念，几乎与学科知识没有明显的关联。由于学科观念不像学科知识那样直观，因此乍看起来不易教学，但这并不意味着学科观念教育就是空中楼阁，在学科知识、学科方法，特别是学科思想教育的基础上，学科观念完全能循序渐进地在学生的头脑中扎下根。当然，学科观念教育远离学科知识的特点，也在一定程度上提醒我们，不可过分拔高学科观念教育的价值。

学科观念不同于学科思想，它是学科思想的结晶，在内容上二者有着清晰的边界。以物理学为例，物理观念是从物理学视角形成的关于物质、运动、能量和相互作用等的基本认识，主要包括物质观、时空观、能量观、相互作用观等。物质观是重要的物理观念，从不连续物质观的形成到逐渐发展到连续物质观，再到更高层次的统一，反映了人们的物质观念不断完善；时空观是物理学中另一个基本观念，时间和空间是物质存在的两种基本形式：时间

---

① 邢红军，张抗抗. 论物理思想的教育价值及其启示 [J]. 教育科学研究，2016 (8)：61-68.

是物质运动持续性和顺序性的表现，空间是物质存在广延性和伸张性的表现；能量观同样是物理学的重要观念，能量是物质运动转换的量度。对应于物质的各种运动形式，能量也有不同的形式，可以通过一定的方式相互转换；相互作用是当一部分物质对另一部分物质发生作用时，必然要受到反作用。自然界中物质之间的相互作用可归纳为强相互作用、电磁相互作用、弱相互作用与万有引力相互作用。

综上所述，学科思想与学科观念不是静态的知识与技能，也不是某剂解决问题的"处方"，而是孕育学科结论使之由潜到显的心理动因，它们牢牢植根于学科内容之中，是学科的神经中枢（或者说精髓所在）。学生只有形成了学科思想与学科观念才能谓之真正理解了学科，掌握了学科，领略到了学科的真谛！由此可见，学科思想与学科观念成为教学目标的要素实至名归。

（四）科学精神与人文精神

教学目标组成的片面化容易使学生陷入科学主义的泥淖。因此，教学目标最终应超越科学主义，回归社会、回归生活、倡导科学精神与人文思想的交融。简言之，教学目标最终应指向人类的社会认知，促使人类灵魂的升华，帮助人们将个人事业与社会需要融为一体，这便是科学精神与人文精神作为教学目标要素的价值所在。

科学精神与人文精神作为教学目标的终极目标，是科学的行为规范和人文的价值标准。二者在理解科学本质的基础上形成，规范、指导和约束着人类自身的行为，往往依靠体验性学习而唤醒。其中，科学精神包括合理质疑、独立思考、严谨的科学态度和崇高的科学理想；人文精神是一种普遍的人类自我关怀，表现为对人的尊严、价值、命运的维护、追求和关切，对人类遗留下来的各种精神文化现象的高度珍视，对一种全面发展的理想人格的肯定。

合理质疑和独立思考指不囿于传统理论和观念，不迷信权威并善于提出问题。科学发展的历程表明，首先与传统观念大胆决裂并勇于提出问题的人，往往能抢占科学发展的前沿阵地，并做出突破性的贡献，甚至推动科学的重大进步；严谨的科学态度和崇高的科学理想是实现完整意义上的教育的终极目标，包括为真理而追求的科学态度，为科学而献身的精神。比如，哥白尼冲破森严宗教统治提出日心说，从而实现了天文学的根本变革。把遵守科学伦理和道德规范作为教育的规范，是教育承担社会责任之所在，也是实现情感、态度与价值观目标的归宿。这需要立足于伦理道德这一人类最基本的准则，对未来科学技术的发展做出明智的、人道的判断与选择，从而将科学发展纳入人类发展的高度来审视。

其实，科学和人文同为人类文明的重要成果。科学精神强调对客观事实和真理的理性追求，基本特征是求真求实，重点在如何去做事；人文精神则指向人自身的世界，是人生观、价值观及对世界本原的看法，包含着人们对理想和信念的追求，对善良、诚信等美好事物的赞颂，基本特征是求善求美，重点在如何做人。虽然二者包摄的内容有所出入，但都和谐共存于人类文化之中。并且科学精神与人文精神相辅相成，科学精神保证了人文精神的真正实现，而人文思想则保证了科学精神的正确指向。

概而言之，科学精神和人文精神是课程的灵魂，也是"人类内在品质"的结晶。它们支配着知识与方法的贮存与提取，操控与协调着思维与技能的运用，产生意义与价值。倘若失去科学精神和人文精神的感召和照耀，就可能使人沦为科学的奴隶。诚如一位纳粹集中营幸存者的哀叹："毒气室由学有专长的工程师建造；儿童被学识渊博的工程师毒死；妇女和幼儿被受过大学教育的人们枪杀。"[①] 教师培养的学生绝不能是学识渊博的怪物、多才多艺的变态狂、受过高等教育的屠夫。只有在孩子具有人性的情况下，读书、写字、算术的能力才有价值。

因此，大学课程既要引导学生追求科学精神，又要适时渗透人文精神，理顺科学、技术、社会和个人的四重关系，使"科学"与"人文"由分裂走向整合。在这个意义上，科学精神与人文精神就构成了教学目标最顶层的一环，在学生的成长过程中发挥着保障与监控的作用。

第二节　教学方法科学

教学模式是指在一定教学思想或教学理论指导下建立起来的较为稳定的教学活动结构框架和活动程序。作为结构框架，需要从宏观上突出教学模式把握教学活动整体及各要素之间内部的关系和功能；作为活动程序，则需要从微观上把握教学模式的有序性和可操作性。目前，常用的教学模式有传授—接受教学模式、引导—发现教学模式、示范—模仿教学模式、情境—陶冶教学模式。

教学方法是为完成教学任务而采用的方法。它包括教师教的方法和学生学的方法，是教师引导学生掌握知识、训练技能、获得身心发展而共同活动的方法。教学方法多种多样，从不同的角度，采用不同的分类，同种方法也可能有不同的名称。因此，教学方法不胜枚举。如按教学任务来划分，有传授知识的方法，形成技能、技巧的方法，巩固知识、技能的方法，检查知识、技能的方法等；按获得知识的途径来划分，有讲授法、讨论法等；按教学方法的特点来命名，有演示法、实验法等。

---

① 许锡良. 集中营幸存者给老师的信[J]. 中学生, 2007, 8 (5): 25.

一、教学模式

大学课堂教学模式主要包括以下四种。

（一）传授—接受教学模式[①]

这是我国学校教育实践中普遍采用、广为人知的一种教学程序，主要适用于认知领域的教育目标。它源于赫尔巴特学派的"五段教学法"，经过苏联凯洛夫等人根据他们对辩证唯物主义原理的理解，重新加以改造后传入我国。它的基本过程是激发学习动机→复习旧课→讲授新课→巩固运用→检查。

这种程序由教师直接控制教学过程，按照学生认识活动规律加以规划，通过教师的传授使学生对所学习的内容由感知到理解，达到领会，然后再组织学生练习，巩固运用所学的内容，最后检查或组织学生自我检查学习的效果。这种程序的特点是能使学生比较迅速有效地在单位时间内掌握较多的知识，比较突出地体现了教学作为一种简约的认识过程的特性，所以能在实践中长盛不衰。但由于采用这种程序时，学生客观上处于接受教师所提供信息的地位，因此不利于学习主动性的充分发挥，为此多年来一直受到各方面的批评和指责。然而，正如奥苏贝尔指出的，接受学习不一定都是机械被动的，关键是教师传授的内容是否为具有潜在意义的语词材料，能否与学生原有的认知结构建立实质性的联系；教师能否激发学生积极主动地从自己原有的知识体系中提取最有关联的旧知识来"固定""类属"新知识。如果能做到这两点，接受学习在掌握知识和技能中所具有的独特功能就无法否定了。

（二）引导—发现教学模式

这是一种以问题解决为中心，注重学生独立活动，着眼于创造性思维能力培养的教学程序，也比较适用于认知领域的教育目标。它主要是根据杜威、布鲁纳等人先后倡导的问题→假设→推理→验证→结论的过程而提出的。

在"问题"阶段，教师提出的问题一定要难易适度，并能使学生明确这个问题的指向性。在"假设"阶段，教师应尽量在诱发性的问题情境中引导学生通过分析、综合、比较、类推等不断产生假设，并围绕假设进行推理，引导学生将原有的各种片面知识从各个不同的角度加以改组，从中发现必然的联系，逐步形成比较确切的概念。在"验证"阶段，教师通过进一步提供具体事例，要求学生去辨认，或由学生自己提出事实来说明所获得的概念。在"结论"阶段教师引导学生回顾学习活动，分析自己思维的过程和方法，使之对学习结果感到满意。

这一程序要求教师能为学生创设一个认识上的困难情境，使学生产生解

[①] 乌美娜. 教学设计 [M]. 北京：高等教育出版社，1994：64.

决这一困难的欲望，从而去认真思考所面临的问题，独立地运用各种思维操作。随着问题情境的产生，学生在教师引导下要能提出各种解决问题的可能方案，即进行假设，并能验证其正误，作出认识上的结论。为此就要运用统觉原理，使学生能检索出先前获得的与新课题有关的经验和知识，并在此基础上能构成一个新的组合来解决新的问题。这种将问题情境转变为问题解决的突然顿悟所采用的基本方法就是所谓的发现法。

这种程序的一大功能在于使学生学会如何学习，如怎样发现问题和加工信息，怎样推理和验证所提出的假设，因而有利于培养学生的探究能力。它的局限性在于比较适用于数理学科，需要学生具有一定的先行经验储备。

（三）示范—模仿教学模式[①]

这种教学程序历经久远，也是教学中最基本的程序之一，特别适用于动作技能领域的教学目标。通过这种程序进行教学的一些基本技能，如读、写、算，以及各种行为技能对人的一生都是十分有用的。它的基本过程是定向→参与性练习→自主练习→迁移。

在"定向"阶段，教师既要向学生阐明所需掌握的行为技能并解释完成技能的操作原理，又要向学生演示具体动作。学生则要明确所要学会的行为技能的要求；在"参与性练习"阶段，教师指导学生从分解动作的模仿开始练习，并对每次练习提供反馈信息，给予及时强化，使学生对所学的部分动作由不够精确、不太定时逐渐走向精确、定时，并使一些不正确动作得以消除；在"自主练习"阶段，当学生已基本掌握了动作要领，并由单个的下属技能逐步结合成总括技能时，就可以脱离教师的临场指导，通过加大活动量，使技能更加熟练；在"迁移"阶段，学生不需要通过思考便能完成行为技能的操作步骤，并模仿教师的示范，把习得技能运用于其他的情境，或与其他习得技能组合，构成更为综合性的能力。

现代教育技术的发展使这一教学程序运用范围更广，效果更好。比如，可以通过录像材料和计算机模拟来进行技能示范；学生的模仿动作也可以借助摄录像进行观察、评价和自我反馈。

（四）情境—陶冶教学模式

这种教学程序最具代表性的是由保加利亚心理学家洛扎诺夫首创的暗示教学。它主要适用于情感领域的教学目标，基本过程是创设情境→参与各类活动→总结转化。

在"创设情境"阶段，教师通过语言描绘、实物演示、音乐渲染等手段，为学生创设一个生动形象的场景，以激发学生的情绪，有时也可以利用环境

[①] 乌美娜. 教学设计 [M]. 北京：高等教育出版社，1994：165.

的有利因素进行；在"自主活动"阶段，教师安排学生加入各种游戏、唱歌、听音乐、表演、谈话、操作等，使他们在特定的气氛中积极主动地从事各种智力操作，在潜移默化中进行学习；在"总结转化"阶段，通过教师启发总结，使学生领悟所学内容主题的情感基调，达到情感与理智的统一，并使这些认识和经验转化成为指导其思想、行为的准则。这一程序从人的认识是有意识心理活动和无意识心理活动的统一，是理智活动与情感活动统一的观念出发，强调个性发展不仅要重视理智活动，而且要通过情感的陶冶，充分调动学生无意识的心理活动的潜能，使他们在思想高度集中，精神完全放松的情况下进行学习。它通过设计某种与现实生活类同的意境，让学生在这种意境中无拘无束地与旁人相互作用，从中领悟到怎样对待生活、对待自己，以提高学生的自主能力和合作精神，达到陶冶个性和培养人格的目的。

二、教学方法

大学课堂教学方法主要包括以下三种。

（一）讲授法

讲授法是教师通过语言系统连贯地向学生传授知识的方法。它通过循序渐进的叙述、描绘、解释、推论来传递信息、传授知识、阐明概念、论证规律，引导学生分析和认识问题，并促进学生的智力与品德的发展。由于语言是传递经验和交流思想的主要工具，故讲授法是大学课堂教学的一种主要方法，运用其他方法都要配合一定的讲授。

1. 讲授法的基本特点

（1）讲授要求语言准确、简练。每个学科有自己的术语系统，为了在课堂教学中准确地表述学科的基本概念、规律，就要求教师的讲解语言准确、简练，既不能随心所欲，也不能出现科学性错误。

（2）讲授要求逻辑严密、体现思想方法。需要注意的是，教学内容的知识、方法、思想和观念是不同层次的东西，但在目前的教学中，很多教师常常不清楚这一点，教学中如果不能正确区分，就会在一定程度上影响讲解的效果。

（3）讲授能够使学生对现象充分感知。知识往往来源于对现象的抽象与概括，学生对现象的充分感知是获取知识的前提。通过教师的讲解，能够引导学生对现象充分感知是获取知识的前提。通过教师的讲解，引导学生对现象进行有目的的观察，有意识地突出现象中的主要因素，排除次要因素的干扰，为抽象概括做好充分准备。

（4）讲授能够使学生的直觉概括上升为理性概括。在学生建构知识的过程中，由于一些知识学生在生活中已经有了一些前科学概念，往往导致学生难以形成正确的概念，而这些前科学概念就是直觉的概括。因此，教师要通过讲解，采用认知冲突的方式，破除学生头脑中的前科学概念，使学生的直觉概括上升为理性概括，才能使学生在头脑中建立起正确的概念。

（5）讲解能使抽象结论具体化。抽象结论具体化，本质上是知识的应用过程。实际上，一个完整的知识教学过程，通常包括创设问题情境→借助科学方法获得知识→诠释知识本质→借助科学方法应用知识→运用知识解释现象几个环节。显然，抽象结论具体化就是知识建构的最后一个环节。

2. 讲授法的构成要素

（1）讲授的结构。讲授的结构是指教师在分析学生情况和教学内容的基础上，对讲授过程的安排。它是将讲授的总任务分解为若干个部分，每一部分都有一个明确的阶段性目标，并根据各部分讲授内容之间的逻辑意义和学生认识过程的规律，将各部分讲解内容安排成一个序列，并在讲解实施中正确清晰地表现这一序列。通俗地说，叫第一张PPT。

比如，初中物理"杠杆"一节的讲解结构呈现，见图4-1。

杠杆

1. 杠杆的定义
2. 杠杆的平衡条件
3. 生活中的杠杆

图4-1　"杠杆"一节的讲解结构

在开始讲解时，首先呈现上面的PPT，然后开始讲解第一部分。当杠杆的定义讲完后，再次呈现这张PPT，再开始讲解第二部分，以此类推。当本节课讲完后，最后一次呈现这张PPT，进行结束技能的展现，这就是讲授结构的呈现方式。通过讲解结构的呈现，就使原本没有结构的课堂教学变成有结构的课堂教学了。

（2）诠释定义。诠释定义是指对概念具体而科学的陈述。课堂上进行介绍说明时，主要依靠教师与学生之间的"师生对话"和学生与文本之间的"生本对话"来实现。教师可以用知识回顾、引用、比喻、拟人、修辞、下定义等方法，对概念进行详细、科学、严谨的陈述与讲解。

（3）角色扮演。角色扮演是指教师在举例或讲解案例时，模仿他人言行的做法。这种做法可以活跃课堂气氛，有利于将学生带入教学情境当中，使学生产生认同和共鸣。

（4）使用例证。通俗地说，就是举例子。举例说明是讲授法的重要应用，例证可将熟悉的经验与新的知识概念联系起来，使新知识在已经消化了的知识中抛锚（著名物理学家费恩曼的名言：没有物理实例我就不懂）。使用例证还要注意：举例要恰当、举例要适合学生的认知水平、举例数量要符合教学过程的要求、要注重分析、要正确使用正面例证和反面例证。

（5）进行强调。强调是成功讲授中的一个核心成分，一个有经验的教师能够运用强调，将关键信息从背景信息中突出出来，帮助学生抓住主要因素，减少次要因素的干扰，同时建立讲授中核心内容之间的联系。

（6）形成连接。讲解的结构是由系列化的关键问题和相应的阶段性目标构成的，这些问题之间并不是彼此孤立的，它们将构成一个有机的整体。清楚连贯的讲解是由新旧知识之间、例证和概念规律之间、问题与问题之间恰当的逻辑意义连接构成的。在讲解中仔细安排各步骤的先后次序，选择起连接作用的词语说明上述关系，使讲解形成意义连贯的完整系统，是"形成连接"这一教学行为的要素。

（7）揭示实质。揭示实质是指揭示物理现象背后的本质，它可以剖析现象的深层含义，说明现象与本质的内在联系。

以能量概念为例。我国物理课本长期囿于"能量是一个表明物体做功本领物理量"的定义。对此，美国学者莱尔曼进行了尖锐的批判。他认为，能量的定义应该同时以热力学第一定律和热力学第二定律为依据，把热也作为一种形式考虑在内。他指出，一定量的功可以产生一定量的热，一定量的热却不能在不对外界影响的情况下完全转化为功；能量在转化中总保持守恒，而做功的本领却不是守恒的，它在转化的过程中要不断地损失掉。因此，完整的能量定义应当是：能量是表明物体做功本领和产生热本领的物理量。由此可见，要使学生真正理解能量的定义，除了定义的精准外，还应使学生理解能量定义背后蕴含的"守恒"与"转化"思想。因为能量由于守恒才能被定义，同时功与热可以定量地相互转化。

讲授法的评价内容与标准详见表4-1。

表4-1 讲授法的评价内容与标准

评价内容	评价标准				权重
	优	良	及格	不及格	
1. 讲解重点突出					0.10
2. 讲解的内容丰富、清晰					0.10
3. 讲解条理清楚、层次分明					0.10
4. 讲解内容、方法符合学生认知水平					0.10
5. 讲解言简意赅、通俗易懂					0.10
6. 讲解具有启发性和趣味性					0.10
7. 注意与提问、谈话等技能相配合，交互性好					0.10

续表

评价内容	评价标准				权重
	优	良	及格	不及格	
8. 声音洪亮，富有感染力					0.10
9. 面向、激励全体学生					0.10
10. 及时反馈、强化、巩固所学知识					0.10

（二）实验法

所谓实验，就是人们根据研究的目的，利用仪器设备，设法控制或模拟现象，排除次要因素的干扰，突出主要因素，在最有利的条件下进行研究的一种活动。

实验在教学中的作用主要有：①可以使学生获得丰富的感性认识，加深学生对概念、原理和定律的理解，激发学生的学习兴趣；②可以培养学生的观察和实验能力，发展学生的智力；③可以使学生初步了解科学的研究方法，培养实事求是的科学态度和遵守纪律、爱护仪器的优良品质。

应当指出的是，仅仅把实验作为一种教学手段或作为知识教学的辅助工具是远远不够的，实验在进行知识教学、技能教学和科学素质培养方面有其自身丰富的内容。因此，实验既是教学的重要基础，又是教学的重要内容，应当在教学目标和教学质量评估等方面有所体现，并要具体落实到教学实施的环节中。

采用实验法进行教学，教师的主要任务是创造实验条件和环境，指导学生动手操作，动脑发现问题、积极思考。在课堂上，在学生进行实验时，教师不仅要在巡视中不断明确实验目的和要求，而且要及时发现问题，防止实验事故发生。不仅要引导学生利用已有的知识和技能进行实验，而且要教导学生善于根据情况的变化，灵活地运用知识和技能操作实验。

在实验过程中，学生要在教师的指导下，亲自操作，进行观察、记录、分析、综合实验现象，归纳得出实验结论。特别是要有意识地培养观察能力、操作技能，养成勤于动手、善于思考的习惯以及实事求是的科学态度和严谨的作风。[①] 实验法的评价内容与标准见表4-2。

表4-2 实验法的评价内容与标准

评价内容	评价标准				权重
	优	良	及格	不及格	
1. 实验目的明确，实验原理清晰					0.10

---

① 邢红军. 大学教学技能精进教程 [M]. 北京：清华大学出版社，2017：189.

续表

评价内容	评价标准				权重
	优	良	及格	不及格	
2. 仪器选择恰当，有利实验操作					0.10
3. 对仪器、方法、步骤等交代清楚					0.10
4. 指导学生操作到位，训练学生操作技能					0.10
5. 实验程序、步骤清晰流畅					0.10
6. 实验操作规范，示范性好					0.10
7. 操作与讲解相结合，有启发性					0.10
8. 实验效果明显，实验结论正确					0.10
9. 多种方法配合，增强实验教学效果					0.10
10. 实验器材准备充分，有利实验进行					0.10

（三）讨论法

讨论法是由教师根据教学需要提出问题，组织学生展开课堂讨论，促使学生获得知识与方法，形成思想与观念，发展物理核心素养的教学方法。

对讨论法的教育价值，不应当仅仅把这种教学方法作为一般的教学方法来看待，而应该把它置于促进学生的认知从被组织阶段发展到自组织阶段的一个必要步骤的高度去认识。如前所述，传统教学理论认为，教学过程包括"博学之，审问之，慎思之，明辨之，笃行之"。博学，要求老师要传授。审问与明辨，要求师生要讨论。慎思与笃行，要求学生要自己建构与应用知识。讨论法的结构与功能如表4-3所示。

表4-3 讨论法的结构与功能

被组织阶段	临界区域	自组织阶段
博学之	审问之，明辨之	慎思之，笃行之
老师讲授知识 学生接受知识	师生互动、讨论	学生自我建构、应用知识

根据上述理论，由于教师在教学被组织阶段起决定性作用，因此，教师必须进行必要的讲授，这就从理论上为教师教学的必要性寻找到了依据。同样，因为学生在教学自组织阶段起决定性作用，因此，知识最终必须由学生自己来建构，这也从理论上为学生自我建构知识建立了根据。最后，由于系统从无序到有序的转变需要非线性相互作用，因此，就从理论上为教师与学

生之间的讨论与谈话的价值奠定了基础。

站在协同学的角度看待教学方法，其实与站在戴尔的"经验之塔"角度看待教学方法是一致的，因此，最重要的三种教学方法就是：讲授、演示（实验）、讨论（谈话）。

运用讨论法的基本要求如下。

1. 讨论的问题要有启发性

提出好的问题是讨论的前提。这样的问题要有吸引力，能够激起学生的兴趣，具有讨论、辩论和研究的价值。比如，原子能的利用通常采用裂变与聚变两种方式来实现。裂变是一个重核分裂成两个中等核（简称"一变二"），聚变是两个轻核合成为一个中等核（简称"二变一"），这就相当于是两个相反的过程。可能就有学生会问：怎么两个相反的过程都有能量释放呢？能量到底是从哪里来的呢？显然，这样的问题就是一个好的问题，因为它能引发学生的认知冲突。只有通过讨论，才能够使学生对原子能利用的来龙去脉有一个清楚的认识。

2. 教师在讨论中要善于引导启发学生

当问题提出以后，教师要善于引导学生。引导就是帮助学生形成思考的方向与方法，把讨论集中到问题的主题和焦点上，使讨论向纵深发展。而当学生的讨论出现困难时，教师还要适时启发学生。启发不是明示，而是暗示，是隐而不发，是欲擒故纵。

仍以上述问题为例，教师要引导学生思考，这个问题用原子核结合能的定义来解释是存在困难的。因为在原子核结合能的定义中，存在着两个对象：即原子核和核子，它表示的是原子核和核子之间的关系。而在原子能的利用中，却存在着三个对象：重核（平均结合能较大），轻核（平均结合能较小），中等核（平均结合能较小），它表示的是原子核与原子核之间的关系。显然，只有这样进行引导，学生才会明白：原子能的利用是原子核变为原子核的过程，与原子核结合能定义中的原子核变为核子（或核子变为原子核）是两个不同的过程。

在引导的基础上，教师还要启发学生从核子与原子核的关系角度讨论裂变（或聚变）的过程。教师启发学生讨论：其一，重核是怎么生成的？显然，重核的生成是在宇宙大爆炸时，由核子直接生成了重核（这一步是自然界天然形成的），并释放出了一部分剩余能量，但是在这种情况下核子的能量并未全部释放出，而是其中一部分能量还储存在重核中。其二，重核再裂变为中等核并把全部能量释放出来（这一步是人工反应形成的）。

3. 培养批判性思维

批判性思维是一种自我校准式的判断，它会产生解释、分析和评估。批判性思维的形式包括识别误导内容、质疑有争论的论据、在争论中识别假象。在讨论法教学中，教师要善于利用否定方式推翻原有假设、产生是非标准、质疑教科书中观点、采用正误对比等方法，引导学生产生批判性思维。

结合裂变和聚变释放原子能的教学讨论，培养学生批判性思维的过程就是：裂变的第一步是核子变为原子核的过程，第二步则是原子核变为原子核的过程，但整个过程合起来，还是核子变为原子核的过程。所以，裂变不是原子核变为核子的过程，恰恰相反，是核子变为原子核过程的一部分（图4-2）。

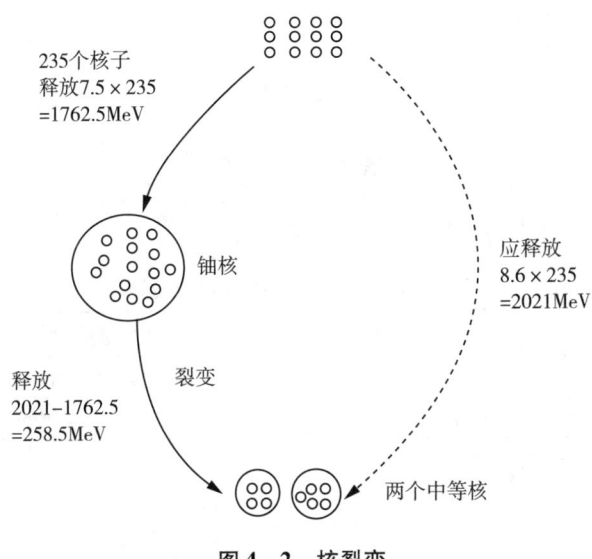

图4-2　核裂变

4. 教师在讨论中要做好讨论小结

讨论结束前，教师要简明扼要地概括讨论的过程，使学生体会讨论的起点、转折与关键，反思自己的不足，并给出讨论的结论。

用最通俗的话来说，裂变和聚变之所以能释放原子能的根本原因是：核子在天然形成重核和轻核时，虽然释放出了核子中的一部分能量，但是没有把能量全部释放出来，而是有一部分能量还储存在重核和轻核中。裂变和聚变只不过是把其中存储的能量进一步释放出来而已。从本质上说，重核裂变和轻核聚变都是平均结合能小（或结合得比较松）的原子核，变成平均结合能大（或结合得比较紧）的原子核，所以都会释放出能量。核聚变如图4-3所示。[1]

---

[1] 陈清梅，邢红军，刘志璟. 裂变和聚变释放原子能的教学研究［J］. 物理教师，2005（12）：13-14.

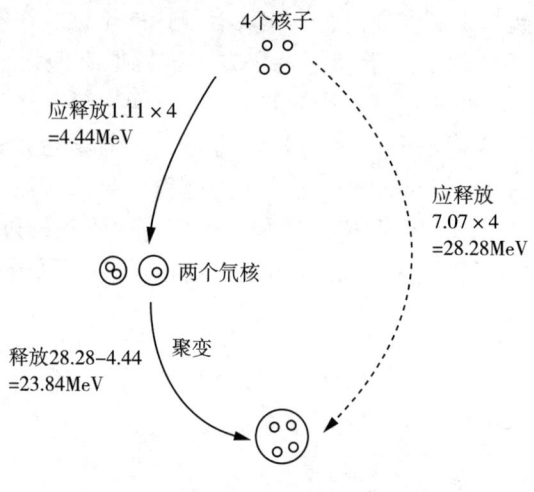

图 4-3　核聚变

讨论法的评价内容与标准如表 4-4 所示。

表 4-4　讨论法的评价内容与标准

评价内容	评价标准 优	良	及格	不及格	权重
1. 问题恰当，适合展开讨论					0.10
2. 教师对问题的表述简明扼要					0.10
3. 恰当引导学生讨论					0.10
4. 启发学生讨论适度					0.10
5. 激励学生					
6. 培养批判性思维					0.10
7. 寻求师生之间的共鸣					0.10
8. 教师点评到位					0.10
9. 结论明确					0.10

第三节　教学手段多样

教学手段有时也称为教学媒体，意思是指直接加入教学活动，在教学过程中传递信息的手段。教科书的产生、直观教具的使用、音像材料的涌现，是教学媒体的三次重大发展，也使教师能用多种教学媒体传递教学信息，让学生能通过广泛的渠道获得更大范围的学习经验。

一、教学媒体的性质

1. 表现力

表现力指教学媒体表现事物的空间、时间和运动特征的能力。例如，言语、文字材料以时间因素组织信息，表现形式受到时间先后顺序的影响，借助语义、语调，以及音响的抑扬顿挫、轻重缓急来表现事物的影响。电影、电视、录像能以活动的图像呈现正在变化中的过程和动向，采用接近实物的形态，逼真地表现事物的运动方式、相对关系及状态变化；又能借助低速和高速摄像技术，调节事物和现象所包含的时间因素；还能通过镜头的选择，从各个角度表现事物的形状、方位、距离等空间特征。图片在表现事物的空间特征方面类似影视，然而因为它们是以静止方式反映事物的瞬息特征，所以更便于学生观察。

2. 重现力

重现力指教学媒体不受时间、地点、空间的限制，把内容信息重新再现。比如，教科书是最便于重现的媒体，电视是受同时性限制的媒体。自从有了录音和录像，这种同时性的限制就被打破了。而言语在重现信息时的调控能力又是独一无二的。

3. 接触面

接触面指教学媒体把信息同时传递给学生的范围。例如，电视和广播的接触面最广，能跨越空间限制，使众多的学生同时接收教学信息。板书、幻灯、录像的接触面只能局限在一定空间范围如教室内，而且还受环境条件限制，如放映幻灯或录像需要局部遮光等。

4. 参与性

参与性指教学媒体在发挥作用时学生参与活动的机会。模型、录音、录像等媒体提供学生自己动手操作的可能，使学生可以随时中断使用而进行提问、思考、讨论等其他学习活动，参与的机会较多；电影、电视、广播等媒体有较强的感染力，能够刺激学生的情绪，诱发学生的参与。

5. 受控性

受控性指教学媒体接受使用者操纵的难易程度。言语、板书、教科书可以由教师随心所欲地使用，录音机、录像机、幻灯机也较易操作和控制。电影放映则需要接受过专门的训练，而对于广播和电视的播出，教师无法支配它们播出的内容和时间。

二、教学媒体选择的依据

1. 依据教学目标

在进行教学设计时，每个单元、每个课题、项目都有一定的教学目标，比如，知识与方法、思维与技能、思想与观念、科学精神与人文精神等。为了达成这些不同的教学目标，常常需要使用不同的媒体去传输教学信息。以外语教学为例，让学生掌握各种语法规则和使学生能就某个题材进行会话，就是两种不同的教学目标。前者往往采用教师讲解，辅以板书或投影材料，使学生在井井有条的内容安排中形成清晰的语法概念；后者往往采用角色扮演并辅以幻灯或录像资料，使学生在情景交融的沟通条件下掌握正确的言语技能。但假如是为了纠正学生的外语发音，则最好采用录音媒体了。

2. 依据教学内容

由于各门学科的性质不同，所适用的教学媒体就会有所不同；同一学科内各章节内容不同，对教学媒体的要求也是不同的。比如，在语文学科中讲解那些带有文艺性的记叙文，最好配合再造形象，所以应通过提供某些情景的媒体，使学生有亲临其境的感受，以唤起他们对课文中的人物、景象和情节的想象，使之加深理解和体会。又如，数学、物理等学科的概念、法则和公式都比较抽象，往往需要经过分析、综合、抽象、概括等一系列复杂的思维过程才能够理解，所以应使媒体提供的材料形象化，才能够帮助学生理解。

3. 依据教学对象

皮亚杰的认知发展阶段理论，把儿童从出生到成人划分为互相衔接、顺序不变、特征各异的4个心理发展阶段。即感知运算阶段、前运算阶段、具体运算阶段和形式运算阶段。这四个阶段的主要标志是运算水平的高低（思维水平）不同，用运算来区别认知发展阶段是皮亚杰的创举。研究表明，在美国的学校中，只有13.2%的中学生，15%的高中生和22%的大学生达到了形式运算阶段，我们国家的情况也基本如此。因此，教师在选择教学媒体时，要充分考虑大学生中只有22%的人达到了形式运算阶段这个事实，对还处于具体运算阶段的大学生，就要选择生动形象、重点突出的幻灯、电影、电视或录像，以帮助他们理解抽象的教学内容。

4. 依据教学条件

教学中能否选用某种媒体，还要依据当时当地的教学条件，包括资源状况、经济能力、师生技能、使用环境、管理水平等。比如，录像教学具有视听结合、文理皆适的优点，但符合特定课题需要的录像片可能并不是唾手可得。使用人工智能辅助教学前景看好，但除了需要资金购买设备，还需要培训使用人员。因此，教学媒体的选择要依据教学条件而展开。

第四节　教学本质清晰

大学课堂教学的最终目的是培养学生成为全面发展的人。因此，一切教学方法和教学活动都要围绕教学本质展开。所以，教学本质是否清晰，对课堂教学能否达成教学目标至关重要。笔者认为，教学中教师只有通过对学科知识本质、学科方法本质、学科思想本质、学科观念本质与学科精神本质等的挖掘、提炼与显化，才能最终使学生形成适应个人终生发展和社会发展需要的自然认知与社会认知，把学生培养成像饶毅那样的人：忧国忧民的科学大家，光明磊落的正人君子，犀利耿直的现代鲁迅，我行我素的半老顽童。

一、教学本质的自然认知形成机制——从被组织到自组织

（一）教学过程的理论思考

在我国，教学过程的研究从来就是"仁者见仁，智者见智"。最典型的是以哲学认识论为方法论，将教学过程视为一种认识过程并论证教学过程的特殊性，由此而有"认识说""认识—实践说"；以价值论为方法论，将教学过程视为一种追求教育价值目标实现的过程而有"价值增殖说"；从心理学和多学科的角度分析教学过程，又有"发展说"和"层次类型说"；从教学发展史考察而有教学过程的"传递说""学习说"及"统一说"；以实践活动论为指导，把教学过程作为实践来看待，又有"实践说"；从教学过程的社会性、人际关系、师生互动或教学存在的本体论来分析，又有"交往说"，等等。

当人们谈论教学过程的时候，只要有一些教学经验的人都会多多少少有自己的看法。然而，大多数理论的提出所根据的是什么？这些理论是不是多处于对问题的描述阶段？又有多少深入到本质的层次？这样，就引出了关于教学过程理论的科学基础这一严肃的话题。探求事物和现象的本源，深入到事物的内部寻觅现象的本质，是科学最重要的特征。作为把"教学看作一门教与学的学问来探索"的领域，教学论有所发展的正是它将有效教与学的研究深化到了探索其科学基础的程度。教学自其存在之日起，就绝非只是形而下的问题。在柏拉图《米诺篇》中，苏格拉底所为之努力的，不仅仅是我们通过对话所能直观的那些、也不仅仅是后人所归纳的具体的"产婆术"，更重要的还有在一系列形式背后的、深藏于苏格拉底教学艺术之中的对教学深刻、完整的理解。

教学过程的研究，在教学论理论体系中，属于形而上的部分。它所要解决的核心问题，是教学究竟是什么的问题。显然，这是一种既关乎所有教学活动又远离一切具体教学过程的思索，并且这种思索是以相信存在着教学本质这样的信念为前提的。然而，这种本质的东西却难以寻觅。究其原因，苏联的 B. П. 拉普梅钦斯卡娅认为：众多学派的研究结论"有时缺乏彻底性"、

不够"完善",其"主要障碍"就是"缺乏科学的方法论基础"[1]。在国内,王策三认为是由于"在理论上没有搞清楚"。[2]笔者认为,这是一个客观的评价。

因此,在教学过程的研究中,其理论思路就显得至关重要。这种理论思路,主要是指整个教学过程理论建立的出发点和基本路线。只有具有正确、充分而周密的理论构思,遵循清晰的理论思路,才能建立正确的教学过程理论,从而更有效地引导教学活动,并在进行这种活动的同时,总结出更具普遍意义的教学过程理论。正如著名心理学家勒温所指出的那样,没有任何一个东西比好的理论更加实用[3]。如果忽视理论的指导,满足于经验式的照抄照搬,那么教学过程理论的建构将是十分肤浅和具有局限性的,教学过程理论就很难得到发展。

在教学过程的研究中,由于面临更复杂的情境和多种因素的交互影响,因此,理论思维就尤为重要。对理论思维,恩格斯曾明确指出:"经验自然科学积累了如此庞大数量的实证知识材料,以至于在每一个研究领域中系统地和依据内在联系把这些材料加以整理,就简直成为无可避免。建立各个知识领域相互间的正确联系,也同样成为无可避免。因此,自然科学便走进了理论领域,而在这里,经验的方法就失效了,只有理论思维才能有所帮助。"[4]这样,恩格斯不但强调了在相同领域内对材料加以系统整理的必要,而且提出了一个重要思想——认为需要在不同知识领域之间建立相互联系,而这种联系又只能通过理论思维来实现。

在教学过程研究中,人们常常有意无意地运用静态或动态的理论观点。前者把教学过程看成一种提供系统知识的活动,强调现有知识、理论、假设和原则,并设法在此基础上增加新的知识。后者承认现有知识的重要性,但主要把它作为进一步研究的基础,强调理论和相互关联的概念图式,并以此开展进一步研究。

采用静态还是动态观点进行研究,会直接影响教学过程研究的思路和效果。以静态观点从事研究,就比较忽视对以往研究的总结和理论基础的构建,缺乏清晰的理论思路,其结果往往是只满足于对某些教学现象的描述和解释,既忽视自身的理论发展,又不重视同一研究领域中有关研究之间的比较与沟通,因而缺乏效度。而动态观点则注重理论基础的构建,并在以往研究基础上形成进一步研究的明确思路,从而使所建构的理论具有较高的效度。

---

[1][2] 王策三. 教学论稿 [M]. 北京:人民教育出版社,1990:30.
[3] 王重鸣. 心理学研究方法 [M]. 北京:人民教育出版社,1990:30.
[4] 恩格斯. 自然辩证法 [M]. 北京:人民出版社,1971:321.

基于这种思路，笔者认为，目前教学过程理论的不够"完善"，原因之一就是对过去几十年来科学领域所发生的、对教育教学工作影响深远的发展变化知之甚少。在这方面，不少处于科学研究金字塔塔尖的物理学家给我们的启示是深刻的。其中，最应该提到的就是赫尔曼·哈肯（Hermann Haken）。对哈肯，人们熟知的是他终生"在物理学的最前沿拼杀"，"总是选择木板中最厚的地方钻孔"的物理学巨匠风格，但要知道，他其实也是一位杰出的教师，他对人类认识过程的本质，对科学的文化教育价值都有很深的思考和深切的关注。尤其是他创立的协同学，更是为打开教学过程的理论之门，提供了一把金钥匙。

（二）教学过程：从被组织到自组织的转变

1977年，联邦德国斯图加特大学物理学教授哈肯在研究由大量子系统构成的、相互间存在着复杂非线性相互作用的开放系统时，提出了协同学理论。

协同学采用序参量来描述一个系统的有序度，刻画系统从无序向有序的转变。一个系统有许多变量，如何确定哪些变量是决定系统有序度的序参量呢？哈肯分析了不同变量在临界点的行为：绝大多数参量在临界点附近阻尼大、衰减快，对系统状态的转变进程影响不大，这类参量称为快参量；一个或少数几个参量在临界点附近阻尼小，它不仅不衰减（或衰减极慢），而且始终左右着系统演化的进程，这类参量称为慢参量。快参量在系统的状态稳定性受到影响时，总是企图消除干扰，使系统重新恢复到稳定状态，所以对系统形成有序结构作用不大；慢参量在系统受到干扰时，总是使系统离开稳定状态，走向非稳定状态，同时又主宰着系统的演变过程，所以慢变量是决定系统向有序转变的"序参量"。

具有自组织结构的系统，协同作用是通过内部各个子系统之间的相互影响和相互作用，各个序参量之间的相互协同和相互竞争来实现的。一般来说，各个子系统既存在着无规则的独立运动，又存在着有序的关联运动。在外界控制参量处于某一范围、子系统的独立运动占主导地位时，系统处于无序状态；而当关联运动占主导地位时，系统进入有序状态。在临界点附近，有时系统同时具有几个序参量，每个序参量对应一种宏观有序结构。如果它们的衰减速度相同，处于势均力敌的状态，彼此便自动协调，共同形成某一有序结构；但是，随着外界控制参量的变化，序参量之间的竞争将被激化；当控制参量达到临界值时，某一序参量将会取胜，其他序参量便会迅速衰减乃至消失，最后出现一个由阻尼系数小的序参量单独主宰系统演变的局面，形成相应的有序结构。

协同学创建以来，不仅在自然科学和社会科学上得到了广泛应用，而且被很多心理学家应用于语言、视觉、运动和脑等方面研究的实验设计和结果分析[1]。在脑和行为方面的研究中，协同学和其他非线性科学一样，研究的是大脑的相（系统不同的内部组合状态）和相变（相之间的转变）。由于非线性系统的相变往往表现为一种跳跃过程，因此，近年来运用超导量子干涉仪对大脑的研究正在实践和理论上检验和分析这种相变过程。[2][3][4][5] 结果表明，尽管大脑是复杂和多样性的结构，但它仍然表现出相变、新模式的形成等特征，并可以用协同学的概念和方法加以很好的描述[6]。

基于协同学的广泛适用性，特别是心理学家在脑、行为和认知方面研究的成功范例，笔者认为，在教学过程理论的建构中引入协同学是一个较新的理论思路。

一般认为，构成教学过程的要素包括学生、教师、教材和环境。其中，教材是教学的客体，学生是教学的主体，而教师起主导作用。实际上，教学过程就是教学系统发展演化的过程，该过程的主要子系统——学习系统（学生）的演化规律决定了教学系统发展的走向。

学习系统的核心是人的大脑。由于人脑约有1000亿个神经元，每个神经元与其他神经元的连接多达1000条[7]。此外，每个神经元本身也是一个错综复杂的系统。这些神经元以高度复杂的方式联系在一起，能主动接受输入的信息，不断改善自身的结构和功能，实现与环境的协调，所以，学习系统属于自组织系统的范畴。因此，基于协同学理论，笔者提出了一种新的教学过程理论：教学过程是一个学生、教师、教材和环境相互协同的过程，是学生在教师引导下完成对教学内容掌握的同时其认知系统从被组织向自组织转变的过程。

教学系统作为一个系统，既可以是被组织系统，又可以是自组织系统。所谓被组织，是指"该组织只有在外界干预下才能进行演化。它的组织化，

---

[1] 郭治安，等. 协同学入门 [M]. 成都：四川人民出版社，1988：3.

[2] 庄建成，张侃. 协同学在脑和行为研究方面的一些应用 [J]. 心理学动态，1997 (2)：6 - 10.

[3] KELSO J A S, BRESSLER S L, BUCHANAN S, et al. Cooperative and critical phenomena in the human brain revealed by multiple SQUIDS. In: D Duke, W Pritchard ed. Measuring Chaos in the Human Brain. Singapore：[J]. World Scientific, 1991: 97 - 112.

[4] KELSO J A S, BRESSLER S L, BUCHANAN S, et al. A phase transition in human brain and behavior [J]. Physics Letters, 1992, A169: 134 - 144.

[5] FUCHS A, KELSO J A S. Pattern formation in the human brain during qualitative chanes in sensorimeter coordination [J]. World Congress on the Neural Networks, 1993 (4): 476 - 479.

[6] JIRSA V K, FRIEDRICH R, HAKEN H, et al. A theoretical model of phase transition in the human brain. [J]. Biological Cybemetics, 1994 (71): 27 - 35.

[7] H·哈肯. 大脑工作原理——脑活动、行为和认知的协同学研究 [M]. 郭治安，吕翎，译. 上海：上海科技教育出版社，2000：6.

不是自身的自发、自主的过程，而是在外部驱动力下的组织过程或结果"。①

长期以来，我国的大学教学基本上是被组织过程。对此，赵凯华指出，"现在有一种普遍的提法：作为一个好的教师，应当'课堂上解决问题'，把所教内容都'讲深讲透'，不给学生课后留下疑难。所以我国教师都习惯把知识组织得井井有条，对课程内容的每个细节作详尽的解说，对学生可能发生的误解一一予以告诫"。②他认为"这种教学方法的最大弊病在于，它把一个年轻人维持在小孩子的状态，老师要他怎么学，他就怎么学"。③显然，这是一种典型的被组织状态。

解决这个问题的办法就是把教学过程从被组织向自组织转变。按照哈肯的定义，所谓自组织是指"如果一个体系在获得空间的、时间的或功能的结构过程中，没有外界的特定干涉，我们便说该体系是自组织的"。④

教学过程的自组织是指：在教师的引导下，学生的知识、技能和方法等参量之间进行相互协同和竞争，当学生的大脑进入从无序到有序的临界值时，导致只有少数序参量支配学生的认知系统，最终实现学生的认知从无序变为有序，达到"教是为了不教的目的"。

教学过程的自组织转变理论，体现了一种新的教学观。在这种过程中，教师的角色从"讲深讲透"向"画龙点睛"的引导转变；学生对教学内容的理解也从教师"讲"明白向自己"悟"出来转变，从死记硬背、机械训练向亲身体验、主动参与转变、从被动接受式学习向主动获取式学习转变，从而实现教学方式的根本转变。由于学生经历了一个由教师讲授到自我建构的过程，结果就使学生"不但掌握住知识、定理和公理的意义、精神及其重要性"⑤，而且知道"其中有的东西是重要的，有的东西是美妙的，有的东西是值得跟人辩论得面红耳赤而不放手的"⑥。表现在解决问题时，各种各样的策略就能够迅速检索而无须搜肠刮肚地对照做过的题型，在处理前一个步骤时就能在大脑中预感下一个步骤，根本无须暗暗回忆各种题型再思量其意义。即使进行创造性活动，也能凭直觉而非经验去探索正确的解决途径。所以，正是在这个意义上，笔者认为教学过程的自组织转变不仅能使学生更好地掌握知识，而且也能很好地培养学生的能力。

教学过程的自组织转变理论，是一种动态理论，它关注教学过程的转变，并且认为，教学过程的被组织阶段不仅是重要的，而且是必需的，是自组织的必经阶段。只有当教学系统的被组织状态达到临界值时，才有可能转变为

---

①④ HAKEN H. Information and Self-organization: A macroscopic approach to complex systems [M]. Berlin & New York: Oxford university Press Inc. 1988: 6, 11.

② 赵凯华. 我国高等学校物理教育的现状及改革的思考 [J]. 物理, 1995 (11): 663-665.

③⑤⑥ 杨振宁. 杨振宁文集 [M]. 上海: 华东师范大学出版社, 1998: 839, 408, 469.

自组织结构。

（三）方法：教学过程的序参量

如何实现教学过程从被组织到自组织的转变？根据协同学理论，需要找出教学系统演化过程中的序参量。

事实上，协同学中的序参量可以被赋予不同的意义，用来描述各种非平衡态系统。如果它表示速度和密度，就可以描述流体力学中的各种有序现象；如果它表示不同种类的分子浓度，就可以描述化学中的各种震荡反应；如果它表示生物学中的物种数目，便可以描述生物进化中的自然选择与生存竞争。

怎样合理确定教学过程中的序参量？这需要理论思维。一般来说，系统内的子系统自我排列，自我组织，似乎有一个"无形手"在操纵着这些成千上万的子系统；另外，正是通过这些大量子系统的协同作用才导致了这个"无形手"的产生，这个"无形手"就是序参量。根据协同学理论和林崇德"教育与发展"的教学实验①，笔者提出：教学过程的序参量就是方法。

方法是人们在认识和改造客观世界的实践活动中总结出来的正确的思维方式和行为方式，是人们认识和改造自然的有效工具。作为一种基本的研究途径和方式，它与概念、规律等一些知识的东西是相平行的，包含在科学的范畴之中。方法中的思维方式主要包括分析、综合、抽象、概括、判断和推理等。而方法中的行为方式则主要包括一些具体的方法，比如教学中常用的比值定义法等。

按照现代教育观，作为人类认识结果的知识固然重要，但探求结果的方法更重要。知识本身并不是教育的目的，而是建立方法的工具和手段。因此，现代教育更关心怎样使传授知识的过程成为掌握方法、开发学生智慧的过程。如果学生学习了一门学科，但没有掌握其方法，那么，充其量只能说他们学过了这门学科，而不是掌握了这门学科。

笔者认为，把方法作为教学过程的序参量，充分反映了教学过程的特征，反映了知识、方法和能力的关系。事实上，每一学科的方法就是该学科的逻辑语言或符号规则，是使本学科多种事实和原则互相联系起来，使该学科动作起来的手段和桥梁。各种方法综合起来就形成了探讨该门学科有效途径的方法论。经验证明，掌握了某一领域的研究方法，就能使学习者在这一领域内的能力按一定程序不断增长。对教学来说，方法就是教学过程演化的灵魂。可以说，教学效果的好坏，在很大程度上取决于是否使学生学到了科学的思想和方法。

从知识结构形成的角度看，方法作为一种基本的研究方式，它纵横交错、

---

① 林崇德. 教育与发展 [M]. 北京：北京师范大学出版社，2002：548.

贯穿整个知识领域中，把不同的知识相互联系起来从而形成知识结构。从认知结构形成的角度看，只有通过方法的参与，才能使客观存在的知识结构转化为学生头脑中的认知结构。通过学生对新知识的加工、组织、简化、记忆、系统化重建及应用等过程，原有的认知结构会演变为更加清晰牢固的新的认知结构。所以，在教学中，学生如果没有学会通过方法在自己的头脑中把大量的知识编织成一个层次清晰、逻辑严密的结构或网络，就无法不断接收、容纳新的信息，也就无法不断完善自己的知识结构。

从学科教学实践角度看，近年来，我国课程教学改革实践也充分支持这一观点。比如，浙江省教育厅教研室从1989年开始，积极推动广大中学物理教师结合教学实践，开展方法教育的研究。经过多年的探索，他们得到的结论是："方法是通向能力的桥梁，能力既依赖知识，更依赖方法。在某种意义上，方法本身是能力的一部分。能力培养可以从强化方法教育入手。[①]"上海市总结近年来物理课程改革经验得出的结论是："能力与方法是密切联系的。一般来说，人们完成某方面任务能力的强弱，是与掌握完成这方面任务的方法的自觉程度与熟练程度密切相关的。可以认为，方法是能力的'核心'，是对能力起决定性作用的因素。"[②] 这从学科教学实践的角度佐证了方法的序参量性质。

哥德尔定理证明，一种足够丰富和前后一贯的理论，是不能由它本身，或者比它本身更不完善或更"弱"的手段来证明自身的无矛盾性；一个理论体系如果仅仅以自身的手段为工具去证明自己，就必定会导出一些不能决定其真伪的命题来。因此，任何一个理论体系就其自身来说总是不完备的。一个理论体系要证明自身的无矛盾性，就必须借助另一个比它更完善或者说更"强"的理论[③]。教学过程的转变理论，由于把理论建构置于协同学这一坚实的基础之上，从而使所建构的理论不仅具有较高的内部效度，而且也具有较高的外部效度。

教学过程转变理论的基本思想，集中于教学过程中学生、教师、教材和环境的多向性协同作用，并且认为，在这种协同作用中，学生、教师、教材与情境是相互依存而非单方面所决定的。其基本观点有四方面：①教学行为是学生、教师、教材与所处情境之间多方向的连续的协同作用的结果；②在相互协同作用的情境方面，情境是教学过程转变的基本因素；③在相互协同作用的教师方面，教师的引导是教学过程转变的重要因素；④在相互协同作

---

① 浙江省教育学会中学物理教学分会. 高中物理方法教育研究 [M]. 杭州：浙江教育出版社，1995：6.

② 张民生. 中学物理教育学 [M]. 上海：上海教育出版社，1999：140.

③ 雷永生. 皮亚杰发生认识论述评 [M]. 北京：人民出版社，1987：19.

用的学生方面，序参量的出现是教学过程转变的决定因素。

教学过程的转变理论，为真正从教学本质的角度对教学过程作出描述、解释和预测，提供了理论和方法方面的指导，特别是对教学过程机制的研究提供了较系统的分析手段，为教学过程理论的进一步研究提供了新的视角和有益的启示。

（四）教学过程自组织的实现条件

实现教学过程从被组织到自组织的转变，需要满足以下4个条件。

首先，教学过程必须开放。这是因为，一个系统只有开放才能有序。有序的结构需要输入物质、能量或信息，并与外界进行交换才能维持，封闭的系统无法进行有效的交换，因而最终变为混沌。

教学过程的开放，关键是要有真实的交流。所谓真实的交流，就是学生自己产生问题，不是教师提出问题，更不是为了提问题而进行的虚假交流。在这个问题上，中外教育有很大差异。1999年，美国科学教育协会代表团访问上海，在一所著名中学听课，任课教师是一位特级教师。其教学内容精当，层次清楚，节奏紧凑，学生活动充分，教师的提问设计精心，学生的回答清晰明了。可是美方的反应却很平淡，他们说，课堂上都是教师提问，学生回答，既然学生都能回答了，这堂课为什么还要上呢？上课应该是学生有问题，学生提问，教师回答，师生相互交流、共同讨论。这不仅反映了两种根本不同的教学思想，而且教学过程的开放与封闭，一目了然，令人深思。

其次，教学过程必须远离平衡态。根据自组织理论，非平衡是有序之源。在平衡态，系统处于稳定状态，系统朝着均匀、无序和简单的方向发展，不可能产生自组织结构。当系统远离平衡态时，才有可能进入有序状态，形成新的有序结构。教学过程远离平衡态，才能够使学生原来的认知状态被远离平衡态的刺激所打破，发生"协同"或更深刻的"竞争"过程，使认知结构得到充实或变革，达到新的水平和新的平衡。布鲁纳认为，"为了促进学生的思维状态处于非平衡态，教师必须努力启发他们自由灵活地思考问题"[1]。即要求学生不满足已有的理论和知识体系，具有怀疑的态度和批判的精神。

再次，促进教学过程非线性相互作用的发展。协同学理论指出，只有在系统内各要素之间存在着非线性相互作用的情况下，才能形成自组织结构。因为非线性相互作用，使各要素之间产生相干效应和协同作用。从本质上讲，任何线性系统不会有进化和质变，所以，哈肯认为，"控制自组织的方程本质上是非线性的""这些非线性项起着决定的作用"[2]。

我国教学的优良传统是教学的内在联系紧密，条理清晰，逻辑严密。然

---

[1][2] 庞海波. 论创造性思维的自组织机制 [J]. 心理科学，2000（2）：250-251.

而，在教学实践中，人们"总觉得我国的教学中还缺少点什么。我国学生每当遇到问题时，总是一开始便埋头用系统的理论工具按部就班地作详尽的计算"①。笔者认为，所缺少的不是别的，正是直觉思维和科学洞察力。

在教学过程中，直觉思维作为一种非线性思维，其特点在于它既不受"时间顺序"的束缚，又不受"逻辑顺序"的束缚，具有跨越时间和空间的性质，可以在事物细节尚未分明的情形下对整个事物进行感知。为了促进教学过程从被组织向自组织的转变，必须重视发展学生的直觉思维。这样，就应当根据学生的知识水平，选择恰当的内容，有计划地训练学生从整体出发，用猜测、跳跃的方式，直接而迅速地寻找解决问题的方案，如果得出荒谬或与事实不符的结论，则重新进行，直至解决问题。

最后，通过随机涨落促进教学过程从被组织向自组织转变。涨落是指系统的某个变量对系统状态统计平均值的偏离。在远离平衡态的非线性区，系统中一个随机的微小扰动或涨落，通过非线性相干和连锁效应被迅速放大，形成整体的宏观巨涨落，导致系统发生突变，形成新的有序结构。

"涨落导致有序"。因此，教学中教师应当创造自由民主的课堂教学氛围，鼓励学生大胆提出见解，引导学生深化各种各样的想法而不去追究产生的理由，通过学生与教师和其他学生进行对话、争论乃至辩论，在思维的交流与碰撞中闪现出智慧的"火花"。教师还应当通过科技史的介绍使学生了解"涨落导致有序"的必然性，为学生重视涨落奠定心理基础。

杨振宁在多次谈话中比较了中美两国的教育方式。他提到中国传统教育提倡"透彻式"的教学方法，认真的学习态度，这有利于学生打下扎实的根基，但相对来说，缺少创新意识；美国则提倡"渗透式"的教学方式，其特点是学生在学习的时候，对所学内容往往还不太清楚却在这过程中已经一点一滴地学到了许多东西，培养出来的学生有较强的独立思考能力和创造能力，易于很快进入科学发展的前沿，但不如前者根基扎实。杨振宁认为，中美两种教育方式各具特色，长短互补；若能将两者的优点和谐地统一起来，在教育方法上无疑是一个突破。

由于我国学生总是学习教科书（系统封闭），听老师的话（处于平衡态），认为科学就是逻辑（线性相互作用），不善于提出新的想法（缺乏涨落），这就造成了我国学生根基扎实但"缺少创新意识"。因此，我国"透彻式"的教学在很大程度上属于被组织范畴。而美国学生总是进行广泛的学习（系统开放），怀疑和否定权威（远离平衡态），异想天开（非线性相互作用）和标新立异（注重涨落），这就形成了美国学生虽然根基不够扎实但创造能力

---

① 赵凯华. 我国高等学校物理教育的现状及改革的思考 [J]. 物理, 1995 (11): 663 - 665.

却较强的状况。所以，美国"渗透式"的教学则更多地归于自组织范畴。

怎样改变传统的教学方式？杨振宁先生认为，"这涉及整个社会风气，因而是件困难的事。这件事如果做成功，也是一种革命。这是个比在一门学问里创造新的学问还要难得多的事"。① 这启示我们：教学改革，任重而道远。

二、教学本质的社会认知培养目标——培养更多饶毅这样的人

按照弗洛伊德的理论，本我、自我、超我构成了人的完整人格，人的一切心理活动都可以从它们的联系中得到合理的解释。自我是永久存在的，而超我和本我又几乎是永久对立的。为了协调本我和超我的矛盾，自我需要进行调节。若个人承受的来自本我、超我和外界压力过大而产生焦虑时，自我就会帮助启动防御机制。防御机制有：压抑、否认、退行、抵消、投射、升华，等等。

本我、自我、超我的完整人格其实很好理解，简单说来，本我是人的本能，超我是理想化的目标，而自我则是二者冲突时的调节者。

（一）本我之"饶毅"

本我是在潜意识形态下的思想，代表思绪的原始程序——是人最为原始的、属于满足本能冲动的欲望，如饥饿、生气等。

本我是人的与生俱来的人格，也是人格结构的基础，人的自我及超我，都是以本我为基础而发展出来的。本我位于人格结构的最底层，是由先天的本能、欲望所组成的能量系统，包括各种生理需要。本我具有很强的原始冲动力量，弗洛伊德称其为力比多。

本我的饶毅是一个什么样的人？请看施一公的评价。②

2007—2010 年是我们两人回国后感觉最艰难的三年，在工作、生活中时时有不顺心的事情发生，我们也会彼此鼓励和安慰，有时会再找几位志同道合的朋友一起坐坐、乐观地展望未来。饶毅和夫人吴瑛育有一女一子，2007年刚回国时，老大伊丽莎白已上高中，跟着吴瑛留在芝加哥；老二大卫九岁半，上四年级，于是跟着饶毅回到北京，在北京大学附属小学读书。但对九岁多的孩子而言，适应北京的环境不是一件容易的事。尽管 2007 年暑假饶毅请家教给大卫补习了三个月的语文，开学以后大卫还是面临很多问题，压力一直很大，饶毅也很为此操心。大约在当年的感恩节前，饶毅给我发了一个释怀的短信："语文 64 分，及格了！"学习还算简单问题，适应环境对孩子更难些。大卫回国两年多之后，学校命题作文"假如我有一双隐形的翅膀"，

---

① 杨振宁. 杨振宁文集 [M]. 上海：华东师范大学出版社，1998：839，408，469.
② 施一公. 饶毅其人其事 [EB/OL]. (2019 - 12 - 01) [2020 - 07 - 26]. https：//tech. sina. com. cn/d/i/2019 - 12 - 01/doc - iihnzhfz2865425. shtml.

大卫毫不犹豫地写道，"那我就立即飞回芝加哥……"这种情形对钟爱儿子、希望儿子有中国人归属感的饶毅来说应该是非常苦恼的。听到这些令人揪心的事情，我也只能稍稍安慰一下饶毅。好在回国三年半之后，大卫真正开始喜欢北京，有了中国是家的感觉。①

我也常常向饶毅讲述自己的苦闷。我刚回国便面临很多质疑和不解，公共媒体也屡次把我推到风口浪尖，对我的工作产生了一些负面影响。这期间，饶毅总是一次又一次地像兄长一样替我解释、回应恶意攻击，在很大程度上帮助改变了媒体的主流态度；这期间，也有个别头脑里"阶级斗争"观念强烈的同事奉劝饶毅不要帮我，不要有"妇人之仁"，免得施一公将来咸鱼翻身，成为对手。记得还有一次，我通过短信向饶毅诉说工作中遇到的挫折和自己的苦恼，几分钟后饶毅回了第一个短信"千万不要轻易撤，困难肯定很多，本来就是要克服才来的"。饶毅没等我回复就又发来第二个短信"如果要撤军，提前告诉，也许一道；当然最好不要，单枪匹马太难了"。看完第二个短信，我不禁笑出声来：不愧是自己的好朋友，同进共退！后来，饶毅告诉我：他那样写是怕我冲动之下头脑发热做出过激反应，先稳住我再一起商量对策。其实，我也从来没想过撤退，只不过是把心里的郁闷说出来，当时就已经感觉好多了。②

我从小有点清高的毛病，很少会长期佩服一个人。但经过十多年的接触和了解，我从心里敬佩饶毅。一是他的学问。尽管饶毅花了很多时间去管那些和他"似乎不太相关"的事情，但他是我认识的、在科研上非常富有创新性的科学家之一，他的思维总是比普通科学家多想两个跨度、聚焦在一些重大的悬而未决的科学问题上。他读很多原始文献，即便是出行也总是带上一本《自然》《科学》或《自然·神经科学》阅读。二是饶毅的为人。我不敢说我完全理解饶毅，但十多年来我看到的是一个正直、智慧、敢言、有思想、有远见、心口一致、忠于中国的科学和教育事业的科学家。③

（二）自我之"饶毅"

自我是人格的心理组成部分，是从本我中逐渐分化出来的，位于人格结构的中间层。其作用主要是调节本我与超我之间的矛盾，它一方面调节着本我，另一方面又受制于超我。它遵循现实原则，以合理的方式来满足本我的要求。由此，个体要学会区分心灵中的思想与围绕着个体的外在世界的思想。自我在自身和其环境中进行调节。弗洛伊德认为，自我是人格的执行者。如果简单对自我下一个定义，自我就是自己意识的存在和觉醒。

---

①②③ 施一公. 饶毅其人其事［EB/OL］.（2019-12-01）［2020-07-26］. https：//tech.sina.com.cn/d/i/2019-12-01/doc-iihnzhfz2865425.shtml.

自我的饶毅是一个什么样的人？请看施一公的评价。

其实，早在1995年，饶毅刚刚在华盛顿大学医学院取得助理教授位置的时候，就开始积极参与中国科学的建设，在上海建立了一个小的实验室。后来，他与鲁白、梅林一起投入大量时间和精力，协助蒲慕明，直接参与了中国科学院神经科学研究所的创建，并为此承担了不少压力。这些事情，我听说过一些，觉得饶毅还算是个爱国的热心人，多少对他有了一点好印象。[①]

真正让我改变对饶毅印象的有两件事情。一是在2002年的一次朋友聚会上，我偶尔听到了饶毅组织BIO2000课程的详情。原来，早在2000年，饶毅为了改变中国生命科学研究生教学落后的状况，联合中国科学院上海生命科学研究院的吴家睿，一起提议、推动、创办了一门生命科学领域综合性的研究生课程，取名BIO2000；该课程由饶毅邀请的20多位海外优秀华人生物学家担任主讲教师，每位教师专程回国在北京和上海各讲授6节课，分别针对上海生命科学研究院和清华大学、北京大学的一年级博士研究生。这门课程的开设在当时非常及时，深受学生欢迎，在近十年的时间里成为中国生命科学领域里也许是最知名和最受欢迎的研究生专业课程。为了组织这门课，饶毅花了很多时间和心血，实属不易！将心比心，我佩服他！[②]

第二件事情发生在2002—2005年。众所周知，一个中国人在美国的职场上奋斗着实不易，要拿到一份称心如意的工作比美国本土人难多了，而每升迁一步都要付出比别人更多的努力、取得更大的成绩。即便如此，最终还往往要面临着一道玻璃天花板：亚裔很难获得学术界的领导地位，也很难得到学术界更高层面的荣誉。和千千万万的留美中国学者一样，饶毅在十多年前就意识到了这个问题。很遗憾，尽管大家大都能意识到这一问题，但尽力打破这一尴尬局面的中国人实在是少得可怜。原因可能有四条：一是觉得自己的生活已经富足、知足常乐，不必追求其他；二是自己刚刚起步，还没有面临玻璃天花板的问题；三是不愿意花时间做这样一件尽管对大家都好但不知何时才能见效的事情；四是觉得呼吁美国主流社会关注这个问题可能对自己不利（留下负面印象）。饶毅是我认识的华人中为数不多的认认真真花时间、花精力为维护华裔乃至亚裔科学家的权益而付诸实际行动的科学家。[③]

2003年，饶毅写了一封长信给美国的生物化学与分子生物学学会（ASBMB），善意地提醒他们：在ASBMB长达一百多年的历史上还很少有亚裔的领导，其主办的学术刊物中也缺乏亚裔主编和副主编。后来，杜克大学的王小

[①][②][③] 施一公. 饶毅其人其事[EB/OL]. (2019-12-01)[2020-07-26]. https://tech.sina.com.cn/d/i/2019-12-01/doc-iihnzhfz2865425.shtml.

凡教授作为华裔教授的杰出代表受聘《生物化学杂志》副主编,也成为《生物化学杂志》历史上第一位华人副主编。王小凡的聘任也许与饶毅的呼吁不无关系。有意思的是:小凡恰好是另一位为了华人和亚裔利益不懈努力的热心科学家!小凡上任之后,又在力所能及的范围内尽力帮助中国学者,包括推荐一批有水平的中国科学家出任《生物化学杂志》编委,用实际行动改善亚裔科学家在国际上的学术地位。同样,饶毅也写信给拥有3万多名会员的美国神经科学会,指出该学会的上百个各种各样的领导位置上,没有一个来自中国大陆的学者教授。结果该会在当年的理事会上紧急增补了美国国立卫生研究院(NIH)的鲁白进入干部遴选委员会(负责各级委员会的提名工作),斯坦福大学的骆利群进入年会程序委员会(负责下一年年会演讲人的挑选工作)。①

饶毅还用同样的方法给《细胞》主编维维安·西格尔(Vivian Siegel)写信,建议她增加亚裔科学家在副主编里的比例,特别是鼓励她邀请来自中国大陆的学者加盟编委会。果然,这一建议也得到了《细胞》的采纳,来自耶鲁大学的许田教授成为第一位来自改革开放后中国大陆赴美留学生中产生的副主编。类似这样的例子还有很多。应该说,饶毅客观上帮助了一大批在美国的亚裔生物学家。我相信,在美国,因为饶毅所作所为而受益的亚裔科学家不在少数,可能其中绝大多数人没有意识到这一点,甚至一些人可能还对饶毅印象不佳。②

(三) 超我之"饶毅"

超我是人格结构中的管制者,由完美原则支配,属于人格结构中的道德部分。其位于人格结构的最高层,是道德化的自我,由社会规范、伦理道德、价值观念内化而来,其形成是社会化的结果。超我遵循道德原则,它有三个作用:一是抑制本我的冲动,二是对自我进行监控,三是追求完善的境界。

如果简单对超我下一个定义,超我就是:本我的对立面是超我,也就是人类心理功能的道德分支,它包含了我们为之努力的那些观念,以及在我们违背了自己的道德准则时所预期的惩罚(罪恶感)。

超我的饶毅是一个什么样的人?请看施一公的评价。

随着时间的推移,我与饶毅的接触逐渐增多,了解加深,我在2005年前后意识到自己和饶毅在许许多多的原则问题上看法非常相似,包括对亚裔在美国发展的玻璃天花板的问题、对中国国内科技和教育发展的看法、对中国

---

①② 施一公. 饶毅其人其事[EB/OL]. (2019-12-01) [2020-07-26]. https://tech.sina.com.cn/d/i/2019-12-01/doc-iihnzhfz2865425.shtml.

科研文化和学术界的看法，甚至包括一些政治观点。不知不觉间，即便在全职回国前，我们已经开始联合做事。其中一个例子是2005年年底在科罗拉多州博尔德举行的华人生物学家协会的年会上，饶毅和我作为辩论的同一方，针对是否存在亚裔玻璃天花板的问题，以及如何应对这一问题与另一方展开激烈讨论。我俩的共同观点是：这一现象普遍存在，我们要对美国学术界和全社会大声疾呼，让大家关注和解决这一问题，而且要利用所有的机会影响身边的科学家帮助我们一起改进亚裔的处境。当时，在华人生物学家协会的会员中，有相当一部分人不承认这种现象的存在或不愿意采取任何行动。①

从2005年开始，我也加入到以饶毅为代表的一批同人的努力中来。每一次我外出讲学或开会，都会向美国同事和朋友们讲述亚裔遭受的不公平待遇；每次在普林斯顿大学接待有影响力的科学家，我更是抓住机会陈述其是。印象最深刻的是2006年我负责接待来访的哈佛医学院教授、当代著名的分子生物学家汤姆·马尼亚蒂斯（Tom Maniatis），我决定争取他的支持。在我的办公室里，我准备用30分钟与他讨论这一问题；刚刚对他讲述了5分钟，他就打断我的陈述并赞成道："一公，你不需要说服我，亚裔的玻璃天花板太明显了！在20世纪70年代末的哈佛大学已经有很多很多亚裔学生，可能20%—30%，但是30年之后的今天，每当我去参加系主任会议或高级领导的会议时，几乎找不到亚裔的影子！他们（指以前哈佛的亚裔学生）都去哪儿了?!"随后的时间里他给我出了一些主意，关于如何应对亚裔玻璃天花板的事情；同时，他也非常赞成我们让美国同行意识到该问题严重性的做法，认为这是解决问题的必经之路。②

在以饶毅为代表的一些同道的努力下，美国的一些学术团体及一大批教授、专家开始意识到亚裔所面临的尴尬处境：一方面，学术成绩出色、经济状况良好；另一方面，在职场面临难以升迁的困境。而对于这个问题的普遍认识，让很多在美工作的华裔学者受益。2011年6月，在谢晓亮主持的北京大学生物动态光学成像中心（BIOPIC）的学术委员会会议上，我又遇见了汤姆·马尼亚蒂斯教授，他告诉我，美国科学院已经意识到亚裔没有得到合理代表的问题，并已经由一些资深科学家成立了一个专门提名委员会，推动美国的亚裔优秀学者入选美国科学院。2012年，一批亚裔学者通过这个委员会顺利当选美国科学院院士，其中也包括几位杰出的华裔科学家。③

饶毅在2007年9月正式辞去西北大学的终身讲席教授职位，担任北京大学生命科学学院院长。我在清华大学的实验室于2007年4月开始正式运行，

---

①②③ 施一公．饶毅其人其事［EB/OL］．（2019-12-01）［2020-07-26］．https：//tech.sina.com.cn/d/i/2019-12-01/doc-iihnzhfz2865425.shtml．

次年辞去普林斯顿的终身教职、负责清华大学生命学科的规划和人才引进。我们在2007—2010年的三年中联系密切，几乎每周都有不止一次的交流，甚至一天之内沟通几次。我们在原则性的问题和观点上几乎没有分歧，在操作层面上密切配合，尽力加强清华大学与北京大学之间的合作和发展，成为理念和事业上的盟友。①

施一公对饶毅的评价是：

饶毅，忧国忧民的科学大家（超我），犀利耿直的现代鲁迅（自我），光明磊落的正人君子（本我）。无论你是否喜欢他，饶毅在用自己的方式启蒙中国社会，也注定留下重要影响。②

第五节　教学逻辑顺畅

教学的逻辑问题，如同教学设计中的其他基本问题一样，总是随着人们对它的认识而逐步发展的。人们重视教学逻辑，正是由于它在教学设计发展中所具有的独特，甚至是不可取代的重要地位。尽管到目前为止，人们已经对它展开了深入研究，可是对于它的理论基础、内涵、本质等的争论，却一直未曾止息过。

我们所做的研究工作，就是一方面从教学逻辑研究的已有成果出发，去重新审视已有研究中存在的问题；另一方面，尝试从哲学的高度，去揭示教学逻辑的本质，以期对教学设计的研究以有益的启示。

一、教学逻辑研究的历史回顾

从词源上看，"逻辑"一词最早来源于希腊语中的"逻各斯"（logos）。在希腊语中"逻各斯"的含义有以下几种：修辞、理性、秩序和规律，其核心思想是秩序和规律，其他意思均源于此。后来，学者们就以"逻辑学"一词来表达和论证与辩论相关的学问。及至清末"西学东渐"思潮泛起，我国知识界逐渐意识到掌握"一切法之法，一切学之学"的逻辑学至关重要③。"一切法之法，一切学之学"是严复先生在翻译 *A System of Logic* 一书中提出的，他也是最早将 logic 翻译成逻辑的学者。虽然"逻辑"一词是"舶来品"，但是随着使用过程中语义的不断扩宽，已逐渐演变成一个多义词④。刘邦凡曾

---

①② 施一公. 饶毅其人其事 [EB/OL]. (2019 - 12 - 01) [2020 - 07 - 26]. https：//tech. sina. com. cn/d/i/2019 - 12 - 01/doc - iihnzhfz2865425. shtml.

③ 唐晓嘉，涂德辉. 逻辑学导论 [M]. 重庆：西南师范大学出版社，2004：2.

④ 何向东. 逻辑学教程：第3版 [M]. 北京：高等教育出版社，2010：1.

提出"逻辑"一词大致有四种含义：一是指客观事物的规律性，比如"历史的逻辑影响着人类社会的发展方向"；二是指思维的规律性，比如"侵略者都奉行强盗逻辑"；三是指某种特殊的理论和观点，比如"这篇文章不合逻辑"；四是特指逻辑学，比如"大学生应该学点逻辑"[1]。本文主要采用第四种含义，即从逻辑学的角度来诠释教学逻辑的内涵。逻辑学特指以推理形式为主要研究对象的学科。推理指从已知条件（前提）得出结论的过程，强调因果性及顺序性。由此，笔者将教学逻辑定义为：教学活动的因果关系及展开顺序。

由是观之，教学逻辑具有两个特性，一是因果性，二是顺序性。因果性是教学逻辑的本质特性。教学逻辑就是由因溯果，不仅要回答教学中的"是什么"，更要回答教学中的"为什么"，顺序性是教学逻辑的外显特征。它表现为教学过程中教学内容和活动的流程合理、承接自然。这就需要教师深入发掘概念和规律的内涵，合理呈现教学流程与结构。因此，教学逻辑的因果性与顺序性互为表里，因果性是顺序性的内在规范，顺序性是因果性的外在表现。

纵观国内近年来教学逻辑的研究，大多基于演绎推理的方式从教育理论视角分析教学逻辑的内涵及其构成。例如，朱德全等人从认识论中主客体关系转化的角度分析教学逻辑的内涵，并基于教学逻辑的维度构建了教学网络系统，将教学逻辑划分为静态的"知识逻辑""教学逻辑"，以及动态的"学习逻辑""认知逻辑"四个维度，认为需要通过网络组织构建有序的教学逻辑，"有序的教学就是通过教学逻辑将知识逻辑内化为学生的认知逻辑过程"[2]。

历晶和郑长龙从相似概念辨析的角度界定"教学逻辑"的内涵。他们将教学逻辑定义为"教学过程背后的精神实质"，并且将教学逻辑视为"学科逻辑""教的逻辑"和"学的逻辑"构成的三维体系[3]。他们认为"教学逻辑的起点是学科知识，目的是让'学生学会'，而'教的逻辑'是促使'学科逻辑'走向'学的逻辑'的中介"[4]。

董静和于海波从教学逻辑的存在合理性及发展对策进行了理论研究，并

---

[1] 刘邦凡. 关于"逻辑"一词[J]. 哈尔滨师专学报（社会科学版），1998（4）：33-35.

[2] 朱德全，张家琼. 论教学逻辑[J]. 教育研究，2007（11）：47-52.

[3] 历晶，郑长龙. 课堂教学逻辑的构建[J]. 东北师大学报（哲学社会科学版），2013（6）：278-280.

[4] 历晶，郑长龙. 如何优化课堂教学逻辑——优质课的分析与启示[J]. 化学教学，2015（10）：6-10.

提出了教学逻辑的价值追求和二维结构①。他们提出，"教学逻辑是教师基于对学科教学与学生发展关系认知基础上形成的关于教学内容与教学活动序列安排的构想"。在此基础上，依据人类学家列维·斯特劳斯的二维结构理论构建了教学逻辑的结构，"深层逻辑"包括"教学目标""学科逻辑"和"学生认知逻辑"三个要素，"表层逻辑"包括"教学内容"和"教学活动"②。

郑会敏和罗生全从主客体关系，以及场域的角度定义了教学逻辑，并提出了教学逻辑的四维结构体系理论。他们认为，教学逻辑是教学主体、客体、介体，以及环体在特定的时空场域内建构的复杂而清晰的关联规则和关系推理，并且从"表层逻辑""深层逻辑""中层逻辑"和"辅助逻辑"等角度建构了课堂教学逻辑体系③。

不难发现，以往的研究主要从主客体关系、教学系统等视角出发，去分析教学逻辑的内涵、特征，构建教学逻辑的层次结构，反映了研究者对教学逻辑内涵与结构的不同体验，但同时研究亦存在如下问题。

首先，以往的研究都是从教育学理论本身出发所进行的思辨研究，这样的研究往往缺乏坚实的理论基础。哥德尔定理表明：一种足够丰富和前后一贯的理论，是不能由它本身，或者比它本身更不完善或更"弱"的手段来证明自身的无矛盾性的；一个理论体系如果仅仅以自身的手段为工具去证明自己，就必定会导出一些不能决定其真伪的命题来。任何一个理论体系就其自身来说总是不完备的。一个理论体系要证明自身的无矛盾性就必须借助另一个比它更完善或者更"强"的理论④。在这个意义上，缺乏坚实理论基础的教学逻辑研究，就很难生长出正确的教学逻辑理论。

其次，目前教学逻辑的研究之所以只能称之为理论假设而不能称之为理论，是因为这样的理论假设既不能证实又不能证伪，这是导致教学逻辑研究结果众说纷纭的重要原因。对此，物理学大师、诺贝尔奖获得者费恩曼评判新理论的观点可以给我们以有益的启示。费恩曼在面对新的物理理论时，总是要求提供一个特例，然后他才从这个特例出发，根据自己的直觉和特例推断理论的真伪。如果理论与特例不符，那么他就会直接否定这个理论⑤。由此可见，特例犹如镜子，能帮助理论反观自照并检验其有效性。这告诉我们，

---

① 董静，于海波. 论教学逻辑的合理发展意蕴及其有效对策［J］. 中国教育学刊，2017（2）：73-78.

② 董静，于海波. 教学逻辑的价值追求与二维结构的运演［J］. 中国教育学刊，2015（8）：24-29.

③ 郑会敏，罗生全. 课堂教学逻辑的内涵、结构与发展理路［J］. 教育理论与实践，2019，39（22）：60-64.

④ 雷永生，等. 皮亚杰发生认识论述评［M］. 北京：人民出版社，1987：9.

⑤ FEYNMAN R P. "Surely you're joking, Mr. feynman!"［M］. New York：W. W. Norton & Company，1985：223.

教学逻辑理论只有借助"参照系"才能判明真伪，而这个"参照系"，就是教学案例。

最后，教学逻辑理论应当具有简明性。教育学作为一门科学，同样要符合科学理论的规范。众所周知，科学理论的一个重要特点就是简洁。牛顿在《自然哲学的数学原理》一书中写道："自然界不做无用之事，只要少做一点就成了，多做了却是无用，因为自然界喜欢简单化，而不爱用什么多余的原因夸耀自己。"爱因斯坦也认为科学理论具有简洁性的特点，"要从尽可能少的假说或公理出发，通过逻辑的演绎，概括尽可能多的经验事实"。物理学中的牛顿力学、麦克斯韦方程组、相对论等理论都充分显示了这一特点。在这个意义上，如果不符合简洁性原则，这样的教学逻辑理论就很有可能不是一个正确的理论。因为一个好的教学逻辑理论往往要求具有因果解释和启发引领的功能，并符合简洁、优美和有说服力的审美标准。

二、教学逻辑理论的建构

柏拉图认为，教育在其最高意义上而言就是哲学。因此，哲学观决定着人们的教育观，哲学的思维方式影响着人们的教育研究方式。美国教育哲学家乔治·奈勒也认为：教育的一切主要问题，在实质上都是富于哲理性的问题。所以，不同于教育学本身，哲学能够为教学逻辑研究提供另一种视野。基于这样一种不同的视角，就可以探寻教学逻辑的"本质性"与"规律性"，从而使教学逻辑理论水落石出。

追溯历史，早在古希腊时期的哲学家就已经展开了关于存在本体性的追问。苏格拉底曾用三条格言表述，即"认识你自己""不经过审视的生活是不值得过的"和"我知道自己的无知"。后来，康德也用三个问题表达了对于哲学本体问题的思考，即"我能够知道什么""我应该知道什么"和"我还希望知道什么"。由于这三个问题分别是从理论、实践、判断力的角度出发，康德由此提出了著名的三大批判，即"纯粹理性批判""实践理性批判"和"判断力批判"[①]。从本质上看，苏格拉底的格言与康德的三大批判有着异曲同工之妙，因为这三类问题都关涉人类的最终本源、最终目的，以及真理实现的探寻方式。最后由苏格拉底形成了哲学的三大本源问题："我是谁""我从哪里来""我到哪里去"。由于哲学思维方式具有顶层的引领效应，将哲学的三大本源问题投射到教学逻辑的研究中，不难发现，两者具有内在的一致性，这就为建立教学逻辑结构提供了理论指引。

---

① 洪克强，肖娜. "纯粹自由"何以可能？——从"三大批判"看康德自由理论的逻辑建构[J]. 贵州社会科学，2005 (1)：54–57.

"教学从哪里来"反映了对于教学"逻辑起点"的追问。"问渠那得清如许？为有源头活水来"。"逻辑起点"是教学逻辑的起始，只有拥有合乎逻辑的教学起点，才能使整个教学沿着正确的道路前行。"教学要到哪里去"反映了教学逻辑的路线，只有选择正确的教学路线，才能使教学按照内在的逻辑顺利抵达终点。"教学是什么"则反映了教学逻辑的本质，以及对教学的终极追求，因为只有明了教学逻辑的本质，才能获得教学逻辑的"结果"。

基于此，笔者提出教学逻辑结构如图4-4所示：教学逻辑由逻辑起点、逻辑路线和逻辑终点构成。下面以初中物理"密度"教学作为"参照系"，来证实教学逻辑结构的正确性。

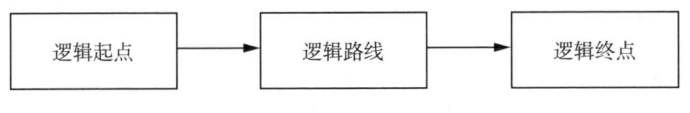

图4-4　教学逻辑结构示意

1. 逻辑起点：从情境中生发的教学"问题"

根据科学哲学家波普尔的观点，科学研究是源于问题的。盲目的观察并不能赋予科学研究以意义，只有在观察的基础上利用背景知识进行分析，发现矛盾并形成问题，科学研究才正式开始。同理，教学的逻辑起点也应为问题[1]。这里的问题，并非是科学研究中未知的"新问题"，亦非教育学研究中的"教育问题"，而是教育现象，是基于学生学习和教学内容的相互作用所生发而出的"教学问题"。

"教学问题"作为教学逻辑的起点具有多重含义。首先，"教学问题"源于冲突的情境。一般而言，教学应从学生的直观经验出发，经历由感性认识上升到理性认识的过程。因此，教师应该为学生提供大量的实验事实、经验事实及相关的直观素材。然而，这个过程并不完备，在学生拥有大量直观感性认识的基础上，如何引导他们实现从感性认识向理性认识进阶，就成为遴选教学逻辑起点的重要任务。因此，教学伊始，教师就需要创设问题情境，使学生产生认知冲突，进而成为教学逻辑起点的生长点。逻辑起点的遴选包括两方面，一是要与学生的经验常识相冲突；二是与学生已有知识相冲突。其次，逻辑起点的选取应当符合有意义学习的原理。奥苏贝尔认为，有意义学习的心理机制是同化，也就是学习者认知结构中的原有知识吸收并固定要学习的新知识的过程。这种旧知识对新知识的作用，被称为同化。同化的结果，新知识被掌握（理解与保持），而原有认知结构发生变化[2]。最后，教学逻辑起点的遴选

---

[1] 朱德全. 论教学设计的逻辑生长点 [J]. 教育研究，2008 (8)：72-76.
[2] 施良方. 学习论 [M]. 北京：人民教育出版社，1994：223.

应紧扣教学目标而展开。根据冲突的情境和学生已有认知水平，生发出的问题会有很多，但选择教学逻辑起点时教师应围绕教学目标，通过体现教学内容本质的问题展开教学，并使之成为贯串教学过程的主线。

密度作为初中物理的核心概念，一直是教学难点之一。其原因在于，现行教科书对"密度"的编写忽视了教学逻辑起点的选择，从而加剧了学生的认知困难。研究发现，我国现行初中物理教科书的6个版本无一例外地以"鉴别物质"思路引入密度，这样的"逻辑起点"就犯了"倒果为因"的逻辑错误[1]。"物质"是密度知识的应用，而不是密度概念的建立。有鉴于此，有必要重新选择教学逻辑起点，将"鉴别物质"思路改为"比较轻重"的思路。这是因为，学生早已从日常生活中形成了铁比石头重、石头比木头重的观念，"比较轻重"成了学生对密度最朴素的感知。教学伊始，教师先提问石头与铁相比哪个重？学生根据常识回答铁重。教师找一个小铁块和一个大石块让学生比较轻重，学生就会得到与之前矛盾的结论——石头比铁重！这时教师及时引导学生思考：如何比较两个物体的轻重？从而进入密度教学的逻辑路线[2]。

2. 逻辑路线：从逻辑起点指向逻辑终点的"位移"

如何在教学过程中展开教学逻辑？这就需要运用理论思维。一方面，教学作为一个复杂的系统，其系统内的子系统能够自我排列、自我组织，似乎有一只"无形手"在操纵着这些成千上万的子系统；另一方面，正是通过这些子系统的协同作用才导致了这只"无形手"的产生，这只"无形手"就是序参量[3]。笔者认为，教学逻辑路线的序参量就是科学方法。

科学方法是人们在认识和改造客观世界的实践过程中总结出来的正确的思维方式或行为方式。正是因为科学方法是如此的重要，许多学者甚至把科学方法与科学等量齐观，认为科学方法的重要性或意义怎么估计都不过分。巴姆认为，"科学的本质在于它的方法。科学（作为理论）是不断变化的东西，科学中存在的不变的东西就是方法。使一种研究成为科学的那种东西，不是这种研究所涉及的事物的本性，而是这种研究用以处理这些事物的方法"。佩拉对科学方法推崇备至，他提出：科学是三个游戏者的游戏——方法M支配心智I和自然N连接的每一步程序。在他的观念中，方法被描绘成上帝之眼[4]。

正是由于"科学方法是我们能够借以达到知识的唯一道路"，是"制造知

---

[1] 顾健，陈刚. PISA视野下六种教材关于密度内容的比较及教学建议[J]. 中学物理教学参考，2016，45（23）：15-18.

[2] 邢红军，胡扬洋，陈清梅. 密度概念教学的高端备课[J]. 教学月刊·中学版（教学参考），2013（8）：53-56.

[3] H·哈肯. 大脑工作原理——脑活动行为和认知协同学研究[M]. 郭治安，吕翎，译. 上海：上海科技教育出版社，2000：4.

[4] 李醒民. 科学方法概览[J]. 哲学动态，2008（9）：8-15.

识的正当方法"，由此，笔者提出了"科学方法中心论"的教育观。这种观点认为，科学方法处于教学的中心，知识的获得和知识的应用都要借助科学方法才能得以实施。这是因为，科学方法作为基本的研究途径与方式，与科学的概念、规律等一些知识的东西是平行的，包含在科学的范畴内，而且它是一种比知识更稳定和更广泛的东西，它纵横交错，贯穿于整个知识领域中，能够把不同的知识相互联系起来。正是由于科学方法是"实质的逻辑"，是知识的脉络，所以只有借助科学方法，才能彰显教学的逻辑路线。

把科学方法作为教学逻辑路线的理由还在于，按照现代教育观，作为人类认识结果的知识固然重要，但探求结果的科学方法更重要。因此，现代教育更关心怎样使传授知识的过程成为掌握知识、开发学生智慧的过程。如果学生学习了一门学科，但没有掌握科学方法，那么充其量只能说他们学过这门学科而不是掌握了这门学科。

仍以密度教学为例，密度教学逻辑路线需要借助比值定义法的步骤才能依次展开。

（1）选取比较的对象。直接比较铁与石头孰轻孰重，这就是教学逻辑的起点。由于直接比较会产生错误的结论（石头比铁重），于是就自然而然地进入了第二步。

（2）选取比较的标准。基于教学逻辑的分析，导致直接比较出现错误的原因是没有选取比较的标准。因此，解决问题的方法就是在比较铁和石头的质量时，将两者的体积变为相同后再比较两者的质量。

将铁和石头的体积变为相同不是进行切割，而是利用数学工具，将两者的体积都变成 $1m^3$，利用除法就可以达到这一目的。按照这一思路得出铁块的比值，石块的比值。铁比石头重！这就与学生的日常经验相契合了。但是，新的问题又产生了。比值的物理意义是什么？是否具有普遍性？还需要进行进一步研究，于是，教学进入第三步。

（3）研究比较的意义。在教学的这一步，教师引导学生分析，选取多个质量和体积不同石块和铁块计算比值，测量与计算结果如表4-5所示。

表4-5 数据测量与计算

测量次数	铁块 质量/kg	体积/m^3	比值/$(kg \cdot m^{-3})$	石块 质量/kg	体积/m^3	比值/$(kg \cdot m^{-3})$
1	41.9×10^{-3}	5.3×10^{-6}	7.9×10^3	359.5×10^{-3}	130.7×10^{-6}	2.75×10^3
2	118.1×10^{-3}	14.9×10^{-6}	7.9×10^3	97.7×10^{-3}	35.5×10^{-6}	2.75×10^3
3	163.5×10^{-3}	20.7×10^{-6}	7.9×10^3	14.6×10^{-3}	5.3×10^{-6}	2.75×10^3

可以发现：不同质量和体积的铁块的比值都是相同的，石块的比值均相同。即铁和石块质量和体积的比值是一个常量，并且与铁、石块的质量和体积均无关系①。

3. 逻辑终点：基于教学逻辑的必然"结论"

教学至此，比值$\frac{m}{V}$的物理意义顺利得出，即比值是物质的疏密程度，是把物体量的差异进一步抽象到了致密度（density）这一更深、更抽象的层次上②。由于比值反映了物质本身的一种属性，所以将其定义为物质的"密度"。这一步骤可以称为：4. 得到比较的结论。

显而易见，逻辑结果正是基于逻辑过程的展开而得到的最终结果。因此，逻辑结果的得出应当是教学逻辑过程顺理成章的结论，是自然而然产生的，没有丝毫的牵强附会，是水落石出的自然呈现，这就体现了逻辑的力量。此外，教学的逻辑结果还包含着超越性，它应当超越具体的知识层面而上升为对知识本质的把握，进而使学生形成科学的物质观。

综上所述，在密度教学中，从"选取比较的对象"的逻辑起点出发，再到"选取比较的标准"与"研究比较的意义"逻辑路线的设定，最后再到"得到比较的结论"的逻辑结论的得出，充分体现了教学逻辑的顺畅与力量。整个教学逻辑流程如表4-6所示③。

表4-6 密度教学的逻辑流程

序号	教学环节	教学逻辑阶段	教学逻辑流程
1	起	逻辑起点	直接比较两个不同物体的质量判断孰轻孰重
2	承	逻辑路线	选取相同体积继续比较两不同物体孰轻孰重
3	转	逻辑路线	意外发现比值与质量无关，比值是一个常量
4	合	逻辑结果	最终得到密度是表征物质固有属性的物理量

回顾整个密度教学的设计，不难发现，这样的教学设计早已超越了密度教学的知识本身，而是体现了教学逻辑的真谛！密度教学作为一个"参照系"，也很好地证实了教学逻辑起点、教学逻辑过程与教学逻辑结果的正确性。

---

①③ 邢红军,胡扬洋,陈清梅. 密度概念教学的高端备课 [J]. 教学月刊·中学版（教学参考）, 2013（8）: 53-56.

② 曹则贤. 物理学咬文嚼字之十一质量与质量的起源 [J]. 物理, 2008（5）: 355-358.

三、研究启示

1. 重视教学逻辑研究的证实与证伪

众所周知,仅仅依赖逻辑演绎方法所得出的理论均需要经过实践的检验才能被证实或证伪,否则这样的理论是值得怀疑的。正如达尔文所言,"我必须从大量事实出发,而不是从原理出发,我总怀疑原理中有谬误"。科学家往往认为,在科学研究中,演绎推理是不能完全信赖的。因此,如果沿着错误方向的演绎推理与日俱增,就会把教育学研究变成一个丧失其应有意义的智力游戏,充其量不过是解决由研究者自己所设定的问题,成为自娱自乐的游戏。所以,任何无法被证实或证伪,或不考虑实际教学需要的教育学理论都将无法躲开自我确证的拷问,就难以克服培根曾深恶痛绝的学问病症——虚假的想象、无益的争辩和虚荣的矫情,以及布迪厄深刻指出的学究谬误——"将逻辑的事物错当成事物的逻辑"[①]。纵观以往教学逻辑的研究,不难发现,它们要么远离教学实践,要么既不能被证实也不能被证伪。为此,笔者以苏格拉底的三大"哲学本源问题"为理论基础,通过重新界定教学逻辑概念,诠释了教学逻辑的应有之义——"逻辑起点""逻辑路线"和"逻辑结果",从而为教学逻辑理论的建构提供一个新的研究范式。

2. 借助科学方法诠释教学逻辑的本真

为什么要研究教学逻辑?这是因为,知识通常是难以学习的,原因主要源于知识的累积性、逻辑性和经验性。累积不是堆积,而是建立在严密的逻辑联系之上的。经验不是盲目的体验,需要按照逻辑的规则去探寻。由于系统知识的存在形式在本质上是逻辑的,而逻辑是不能用通常的感觉器官(视觉、听觉、味觉、嗅觉、触觉)去体验的东西,它是一种特殊的心理体验。通过这个心理体验,学生才可以将新旧知识连接起来,弥补感觉器官的不足。这种特殊心理的体验,一是要借助教师的讲授,二是要借助科学方法。即使是教师的讲授,也要以科学方法的展开作为前提,才能使学生体会到教学中的逻辑。因此,可以说,如果不懂得科学方法,就不能真正把握教学逻辑。

通过对科学方法的不断运用,才能使学生形成一种借助逻辑获取知识的心理定式。这样,学生就能够以逻辑的方式去获取知识,进而通过在头脑中形成认知结构,深刻地领会和把握知识。还可以使学生产生一种对问题的敏感性,并能够运用逻辑迅速地抓住问题的要害,找出解决问题的途径。这样

---

① 徐继存. 教学论学科的二重性及其规约[J]. 课程·教材·教法,2010,30(9):32-36+41.

一种心理定式，就是学生能力的表现。所以，按照教学逻辑进行教学与学生能力的发展直接有关①。因此，教学只有借助逻辑才具有生命力，才能显示出教学的内涵、色彩、格调，才能显示出知识存在的理由、作用和功能，学生学习过的知识才能真正活起来，进而提高学习的效率。

3. 彰显教学逻辑理论的教学实践价值

教育学是源于实践并最终服务于实践的理论，因此，实践性是教育学理论的灵魂，也是它的最终归宿。从根本上说，教育学理论只有用来指导实践，才能够彰显其价值，才是它能够存在的唯一原因。当然，教学理论与教学实践在天然上是存在距离的，并不是直接联系的，教学理论对教学实践的指导和调节作用需要通过中间环节来实现，而这个中间环节就是教学逻辑理论②。因为只有通过教学逻辑理论，才能消弭教育理论与教育实践之间的冲突，并进而达成理论与实践的结盟。所以，教育学理论不应当是隔绝教育实践的佛音梵语，而应当是促进理论研究与实践躬行交流的雎鸠之音，是理论与实践际遇交融的琴瑟和声。基于此，笔者所提出的教学逻辑理论虽然从哲学的终极命题推演而来，但并非将一般哲学认识论的观点强加到教学逻辑理论的建构中。恰恰相反，而是基于对教学实践的洞察所提出，并能够普适地运用到教育教学中。这就可以从根本上防止教学逻辑理论沦为哲学的"应声虫"，避免使教学逻辑理论在教学实践面前失去自我，从而增强教学逻辑的理论自觉。这不仅体现了哲学指导下的教学逻辑的"理论逻辑"的力量之呈现，而且洋溢了运用教学逻辑指导教学实践的"实践逻辑"的价值之所在。

第六节　教学创新明显

教学创新有助于超越传统课堂教学，迎接新时代的教育发展，有助于培养学生的创新意识、创新精神和创新能力。教学创新包括教学内容的与时俱进，引入新的科技成果，教育教学方法的创新，引入个人的见解与看法等。

一、科学方法中心理论

（一）科学知识中心论

我国的科学教育，长期以来一直存在着鲜为注意的重大缺陷——这就是

---

① 高凌飚. 在物理教学中应重视科学方法教育 [J]. 物理教师，1992 (4)：1-4.
② 王策三. 教学论稿 [M]. 北京：人民教育出版社，1985：57-58.

只重视科学知识教育而忽视科学方法教育。笔者认为产生这种现象的根本原因在于，科学教育一直禁锢于"知识中心"的教育理念，对于科学知识与科学方法的关系、科学方法的教育功能等科学教育中的重大理论问题缺乏深入的思考，导致科学教育长期处于低水平而踟蹰不前。因此，在大学教育课程改革的深化阶段，认真探讨科学教育中存在的问题，切实加强科学方法教育的深入研究，就显得尤为紧迫和重要。

当然，目前科学教育中存在的问题，并不在于根本没有进行科学方法教育，问题在于：①不清楚科学方法在科学教育中所具有的特殊意义，甚至可以说是独特的、不可取代的意义，而仅仅将科学方法作为知识教学的引入条件或附庸；②科学方法与科学知识常有脱节现象，就是说，科学知识本来应当运用科学方法合乎逻辑地推导出来，然而，学生并未能感受到这种逻辑力量；③不重视科学方法的巩固，一旦进入概念、规律教学，尤其是进入解题，科学方法往往被置之不顾了；④科学方法的运用非常薄弱，如何帮助学生运用科学方法解决实际问题也未得到深入研究。

其实，早在20世纪30年代，科学学的创始人贝尔纳就一针见血地指出了科学教育的"先天不足"。贝尔纳认为"科学教育的目的有二：提供已经从自然界获得的系统知识基础，并且有效地传授过去和将来用来探索与检验这种知识的方法[1]"。贝尔纳指出，不幸的是，科学教育"正在后一方面失败得最为明显[2]"。科学教育长期以来没有完善地实现传授给学生科学思维的方法和培养他们创造能力的目的，而且由于这两个目的是相互关联的，结果也就无法使学生"充分了解现有科学知识的全貌[3]"。

2009年出版的国际著名期刊《科学》，刊登了关于中美两国学生物理概念理解和一般科学推理能力的研究成果。他们采用力学知识理解测验（FCI）、电磁学知识理解测验（BEMA）和一般科学推理能力测验（LCTSR）等国际广泛使用的测验工具，对四所美国大学和三所中国大学科学与工程专业的大一新生进行了测试，结果如图4-5、图4-6、图4-7与表4-7所示[4]。

图4-5为FCI的结果，显示美国学生的力学知识成绩在中等分数段分布较广，由于中国学生在8—12年级5年时间完成了近乎相同的广泛物理课程，这种教育背景导致了中国学生力学知识成绩的狭窄分布，成绩在分数段（0—30分）的90%附近（约27分）达到峰顶。图4-6为BEMA的结果，显示美国学生的电磁学成绩围绕着稍高于分数段（0—30分）的20%分布，而中国学生的成绩围绕着分数段（0—30分）的70%（约21分）分布。

---

[1][2][3] J.D. 贝尔纳. 科学的社会功能 [M]. 陈体芳, 译. 北京：商务印书馆，1982：340.
[4] BAO L, CAI T F, KOENING K, et al. Learning and scientific reasoning [J]. Science, 2009 (323)：586-587.

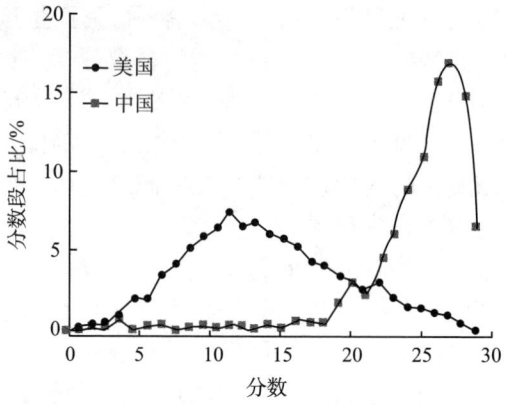

图 4-5　FCI

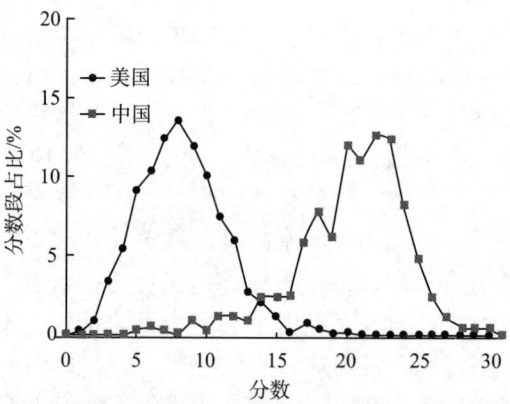

图 4-6　BEMA

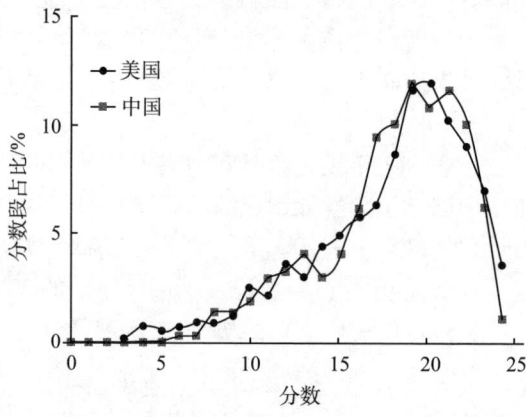

图 4-7　LCTSR

FCI 和 BEMA 的结果显示，初中、高中多样、缜密的物理课程直接影响了中国学生物理知识的学习，使中国学生在这些测验中表现出相当高的水平，而美国学生的成绩则远低于中国学生。

表 4-7 测验分数

测试内容	中国（样本量）	美国（样本量）	效应值
FCI	85.9 ± 13.9 (523)	49.3 ± 19.3 (2681)	1.98
BEMA	65.6 ± 12.8 (331)	26.6 ± 10.0 (650)	3.53
LCTSR	74.7 ± 15.8 (370)	74.2 ± 18.0 (1061)	0.03

LCTSR（一般科学推理能力测试）则显示出完全不同的结果，如图 4-7 所示。中美学生成绩分布几乎相同。表 4-7 为测试结果的分析，统计显示，中美学生在 FCI 和 BEMA 上的差异达到了显著性水平，而在 LCTSR 上几乎没有差异。对测验结果的解释是：美国和中国的中小学知识教育之间的巨大差别并没有导致学生推理能力的不同。这一结果说明目前中国的科学教育和评价原则上往往对官能回忆的强调胜过了对科学推理的深入理解。

一般认为，我国学生比西方学生多花两到三倍的时间做练习，掌握了良好的"基本知识和基本技能"（简称双基）。但是，我国学生的科学素养却明显与所花费的时间不成比例。该研究结果提醒我们，在科学学习中，学生除了掌握知识，还需要掌握知识以外的东西。

怎样看待我国学生知识掌握水平远远超过美国学生，但科学推理水平却与美国学生完全相同的事实？也许，爱因斯坦的话可以为我们指点迷津。他说："学校始终应当把发展独立思考和独立判断的一般能力放在首位，而不应当把取得专门知识放在首位。如果一个人掌握了他的学科基础，并且学会了独立思考和独立工作，就必定会找到自己的道路，而且比起那种其主要训练在于获得细节知识的人来，他会更好地适应进步和变化。"[①] 显然，在爱因斯坦看来，独立思考和判断能力应当放在学校教育的首位，而知识教育则只能放在次要位置。

LCTSR 包括比例推理、归纳和演绎推理、控制变量、概率推理、相关推

---

① 爱因斯坦. 爱因斯坦文集 [M]. 许良英, 李宝恒, 赵中立, 译. 北京：商务印书馆, 1977: 284.

理、假设评估等项目，这种测验不属于科学知识测验而是科学思维能力测验，它包含了强认知方法和弱认知方法的测验。强认知方法是特定专业领域的独特认知方法，往往与专业知识紧密结合，不容易区分。弱认知方法是可以被运用到各种问题解决过程中的一般策略和方法，与一般智力因素有着更为密切的联系。LCTSR 中的比例推理、控制变量、概率推理和相关推理属于强认知方法，而归纳和演绎推理，以及假设评估等项目则属于弱认知方法。因此，LCTSR 测验实际上是一种有关科学方法方面的测验。

科学方法是人们在认识和改造客观世界的实践活动中总结出来的正确的思维方式和行为方式，是人们认识和改造自然的有效工具。在科学发展史上，做出创造性贡献的科学家，除了具有博大精深的理论知识，还掌握了先进的科学方法。

科学课程整体上是由科学知识和科学方法组成的，通过科学方法揭示科学知识的获得和应用过程，并对科学知识在科学技术发展中的作用进行解读，有利于学生了解人类对自然界的认识，扭转传统科学教育由于缺乏科学方法而展现给学生被歪曲的科学世界图象，从而实现学生智力发展与知识体系建构之间的平行和同步。

近年来，随着新一轮基础教育课程改革的开展，人们的科学教育理念发生了变化，把"过程与方法"作为课程目标写入基础教育课程标准，体现了从知识本位向重视科学方法转变的科学教育思想。然而遗憾的是，重视科学方法的教育思想并未深入下去，而是止步于理念层面不再前行。这表现在：基础教育各学科课程目标中虽然都有"过程与方法"维度，但课程标准中却只有科学知识却没有相应的科学方法，这就使科学方法教育成为"无本之木，无源之水"。也就是说，我国科学教育重视科学方法的观念只在表面上实现了转变，但在本质上依然没有发生改变。

（二）科学方法的认识功能

在我国，由于受凯洛夫教育学的影响，多年来在教学中比较偏重知识传授而忽视学生的发展。近年来，不少教育工作者在教学中努力体现"传授知识立足于发展能力，寓能力培养于传授知识之中"，在促进学生能力发展方面积累了不少宝贵的经验。但由于对科学方法的重要性认识不够，理论上一直不能突破知识中心的禁锢，教学效果仍难以尽如人意。

科学方法与科学知识虽然在本质上是统一的，但严格说来，两者又有不同的特点。科学方法与科学知识不同，它所涉及的不是物质世界本身，而是人类认识物质世界的途径与方式，是高度抽象的。科学方法也不直接由科学知识来表达，而是有它自己独特的表达方式，它往往隐藏在知识的背后，支配着知识的获取和应用。因此，它就具有科学知识所不具有的独特认识功能。

1. 导源功能

科学方法的导源功能是指科学方法作为独立存在的理论体系，对科学理论的形成起开源作用。这即是说，科学研究方法一旦形成就会对科学理论的发展起决定性的作用。未被发现的科学理论犹如地下矿藏，而科学方法就是探矿的钻机。

杨振宁在对爱因斯坦的研究中发现，在狭义相对论建立以前，物理学的发展是由实验到方程、规律乃至整个理论体系，如经典力学、电磁学、热力学等都是遵循这样的发展途径，这是实验归纳的科学方法。在狭义相对论建立以后，这个过程被倒转过来，物理学家首先是建立方程、理论框架，然后再回到实验，由实验来验证理论的真伪。狭义相对论、广义相对论、量子力学、粒子物理学等都是这样，这是实验验证的科学方法。这个倒转意味着物理学研究方法的巨大进步，也标志着人类对自然的探索进入了一个新的、更深入的层次。可以说，正是爱因斯坦率先采用的实验验证法改变了20世纪物理学的面貌，同时也生动地说明，科学方法对物理学的发展起到了导源作用。

2. 突破功能

科学方法具有突破功能。科学发展的历史表明，科学中任何重大的进展和突破，都是在正确的方法论指导下，使用科学方法突破的。物理学发展史上著名的黑体辐射公式的得出很好地说明了科学方法的突破作用。

19世纪，人们由实验得出了平衡时辐射能量按波长分布的曲线。许多人企图用经典物理学来证明这种能量分布规律，推导与实验结果符合的能量分布公式，但都未成功。这个问题在当时甚至被称为物理学的"紫外灾难"。普朗克在1900年通过假设引入了量子概念，并使用内插法得出了与实验结果符合很好的经验公式。普朗克的工作是近代物理的一个里程碑，其重大突破的关键之处在于，他成功地运用了两个科学方法——假设法与内插法。

3. 中介功能

科学方法作为科学认识活动的中介物，是连接知识和现实的纽带，在科学理论的发展中起了桥梁作用。客观现实中的规律只有通过科学方法的参与，才有可能上升为知识形态，才能把科学认识中的概念、判断、推理与经验事实组织起来，形成逻辑严密的认识体系，进而揭示自然界的事实和知识之间内在的、必然的本质联系。可以说，科学方法是感性认识通向理性认识的桥梁。比如，人类对光的本质的认识和光学理论的产生，就是在光学实验的基础上经过两三百年光的波动模型与粒子模型的不断竞争、修正、丰富而逐步完善建立起来的。

4. 建构功能

科学方法是科学知识的脉络，它具有把科学知识联系起来并形成结构的功能。这是因为，科学方法作为基本的研究途径、方式和方法，与自然科学的概念、规律等知识是平行的，包含在自然科学的范畴之中，而且它是一种比概念、定理、定律、公式这类知识更稳定和更广泛的东西，它纵横交错、贯串整个知识领域，把不同的知识相互联系起来。如果把科学比喻为一条珍珠项链，科学知识是珍珠，那么科学方法就是连接珍珠的细线。缺少了细线的珍珠项链就不能称之为项链，而是变成了一捧散珠。"牵一发而动全身"，很好地说明了科学方法的建构功能。

科学的本质是什么？物理学大师、诺贝尔物理学奖获得者费恩曼有着独树一帜的见解。对科学是什么这样一个命题，费恩曼直截了当地说："科学是一种方法，它教导人们：一些事物是如何被了解的，不了解的还有些什么，对于了解的，现在又了解到什么程度（因为任何事物都没有被绝对了解），如何对待疑问和不确定性，依据的法则是什么，如何思考问题并作出判断，如何区别真理与欺骗，真理与虚饰……在对科学的学习中，你学会通过实验和误差来处理问题，养成一种独创精神和自由探索精神，这比科学本身的价值更巨大。还要学会问自己：'有没有更好的办法来做？'"[①] 为什么费恩曼不认为科学是一种知识而认为是一种方法？这是因为，在费恩曼看来，科学的核心或者说全部是科学方法。换句话说，科学方法比科学知识更重要。

我国目前的科学教育完全没有把科学方法置于特别重要的位置，这表现在课程标准、教科书、课堂教学等方面。这就使学生虽然掌握了某一学科的许多知识，却不懂得该门学科的科学方法及价值，这种现象在大学里甚至也同样存在。

前不久，来自中国台湾的"清华大学"教授程曜，在期末考试时向学生提了一个问题："什么是科学方法，物理学和你就读的学科方法有何不同？"令程曜吃惊的是，"竟然有一个生物系的学生回答，物理学有很多要背，生物学也有很多要背，非常不容易同时记住。"程曜感叹："我宁可相信他在和我开玩笑，不然我如何自处，到底是怎么教的。"[②] 与程曜一样，我们每位教师不妨自问：自己所教学科的独特科学方法是什么？有哪些？恐怕大多数人未必回答上来。这种情况就很可能导致我们的学生虽然学习了一门学科，但却没有掌握科学方法。因此，这样的科学教育充其量是学生学过了这门学科，而不是掌握了这门学科。

众所周知，许多学生经过多年苦读，学习了大量科学概念、规律，做了许多习题，却不能有效地提高科学素养。他们的科学学习如同开了中药铺子，

---

① 约翰·格里宾，玛丽·格里宾. 迷人的科学风采—费恩曼传 [M]. 江向东，译. 上海：上海科技教育出版社，1999：156.

② 程曜. 除了考试，他们不会推理，不敢提问题，不愿动手 [N]. 新华每日电讯，2005 – 07 – 10.

科学知识都被分散放在药柜上不同的小匣子里，由于缺少科学方法而不能形成一个有机的整体。这导致他们在面临科学问题时不能迅速判断，稍一动笔就错误百出。在理解科学问题的机制方面也是除了简单的分析，不能准确表达自己的思想，不能完整地解决问题。许多人靠加倍的努力来改善这一状况，结果却是在药柜上开了更多的匣子。

（三）科学方法中心论

怎样认识科学知识与科学方法的关系？长期以来，科学教育界一直对这个问题进行深入探讨并逐渐形成了知识中心教育观。其中，图4-8的理科课程结构是其中一种有代表性的观点[1]。

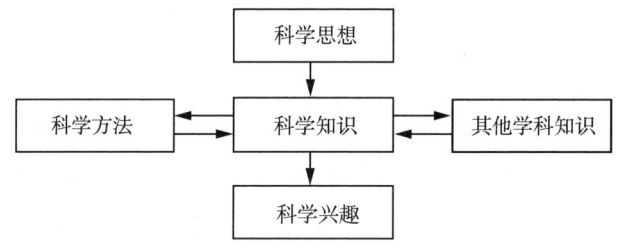

图4-8　理科课程结构

理科课程结构图形成了上（科学思想）、下（科学兴趣）、左（科学方法）、右（其他学科知识）、中（科学知识）五个区域。这种观点认为，科学知识处于"中心"地位。这里的"中心"，并不是说只强调科学知识而忽视其他，而是说其他要素的落实都要通过科学知识的教与学来进行，而不能另搞一套[1]。

仔细分析图4-8的理科课程结构，发现这一结构既不符合科学发现认识论的基本法则，又不符合科学教育的逻辑顺序。科学发现认识论认为，现象是科学的根源，在科学发现过程中，科学现象与科学理论之间并不存在直接关系，科学现象要借助科学方法才能进一步形成科学理论。同样，科学理论的应用也不是直接完成的，它需要科学方法的介入才能成功解决问题，科学教育同样也是如此。因此，笔者建构了基于"科学方法中心"的知识—方法结构图（图4-9）。笔者认为这样的结构图才能准确地反映科学知识与科学方法的关系。

图4-9表明，知识—方法结构图主要包括五个部分：科学现象、科学知识、科学方法、数学，以及延伸和应用。科学方法处于结构图的中心，分别与其他四个部分相联系。图中的箭头表示了不同部分之间的相互关系，不同

---

[1] 郑长龙. 国际理科课程改革的思考 [J]. 外国教育研究, 2002 (6): 23-31.

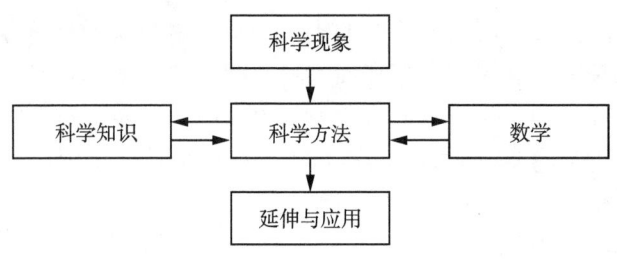

图 4-9　知识—方法结构

部分之间也会发生联系，但这种联系须经科学方法才能实现，科学方法起到桥梁和纽带的作用。从科学教育的实践看，科学教育过程主要体现在知识—方法结构的两个认识途径上。

首先，在科学教育中，从科学现象出发，必须经过科学方法的加工整理才能获得科学知识，科学方法是科学现象通达科学知识的必经之路，既不可或缺，也无法逾越。这一认识途径反映了科学知识的获得过程，可以表示为：科学现象→科学方法→科学知识。这就是说，科学方法是获取科学知识的重要手段，学生只有掌握了科学方法，才能更快捷地获取科学知识。教学中只有借助科学方法，才能使教学活动得以顺利进行。比如，牛顿第二定律的建立，就需要应用实验法、控制变量法、图像法、曲线改直法、比例系数法等科学方法。显然，科学方法与科学知识形成了"源"与"流"的关系。

通过对科学方法的不断了解、积累和熟练，就能使学生形成一种借助科学方法获取科学知识的心理定式。这样，学生就能够以快捷的速度去获取知识，进而通过在头脑中形成认知结构，深刻地领会和掌握知识，牢固地记住知识。还可以使学生产生一种对问题的敏感性，并能用科学方法迅速地抓住问题的要害，找出解决问题的途径。这样一种心理定式，就是学生能力的表现。所以，掌握科学方法与学生能力的发展直接有关[①]。因此，科学知识只有借助科学方法才有生命力，才能显示出其内涵、色彩、格调，才能显示出其内在的理由、作用和功能，学生学习过的知识才能真正活起来，这样才能提高学习效率。

不仅如此，学生要理解科学知识的内容，同样离不开科学方法。比如，许多物理量是通过比值法来定义的，如 $\rho = m/v$。这种定义方法只给出了物理概念之间量的关系，没有明确这些概念中有哪些因果关系。只有进一步从本质上弄清比值定义法的内涵，才能使学生真正明白密度只决定于物质本身固有特性的性质。不把握好这一点，就容易得出"物质的密度与质量成正比，

---

① 高凌飚. 在物理教学中应重视科学方法教育 [J]. 物理教师，1992 (4): 1-4.

与体积成反比"的错误理解,这是初学物理的学生常犯的一个错误。显然,只有了解了不同科学方法的本质区别与联系,了解了这些方法得以使用的条件,才能弄清科学知识的内涵,以及不同层次知识之间的关系,从而形成知识的网络,达到对知识的真正理解[1]。

其次,科学方法还是科学知识应用的重要手段,是实现科学知识智力价值的桥梁。进一步说,从科学知识出发,必须通过科学方法的中介才能解决实际问题。这一认识途径反映了科学知识的应用过程,可以表示为:科学知识→科学方法→延伸与应用。仍以牛顿第二定律为例,在应用该定律解决实际问题时,就需要用到整体法、隔离法、正交分解法、图像法等科学方法。

科学教育中的知识应用认识途径表明,科学的概念、定律等知识,是人们赖以进行科学思维的基本细胞,没有科学知识,所谓智能活动就成为没有内容的空壳,是不可能存在的。但是,只有知识还不行,还必须有一定的方法或途径,使这些知识与科学的问题相互沟通,对知识进行选择、组合、运用,才能解决问题,形成智力活动。教学中学生如果没有学会通过科学方法在自己的头脑中把大量的知识编制成一个层次清晰、逻辑严密的结构或网络,就无法不断接收、容纳新的信息,就无法不断完善自己的知识系统。借助科学方法,当学生解决实际问题时,各种各样的认知策略才能迅速检索而无须搜肠刮肚地对照做过的题型,才有可能在处理前一个步骤时就在大脑中预感下一个步骤,根本无须暗暗回忆各种题型再思量其意义。即使学生进行创造性活动,也能凭直觉而非经验去探索正确的解决途径。

最后,科学方法作为科学的思维方式和行为方式,还蕴含着能力价值。学生一旦将科学方法内化为自己的思维方式和行为方式,就能很好地促进能力的发展。浙江省教育厅教研室从1989年开始,积极推动广大教师结合教学实践,开展科学方法教育的研究。经过多年的探索,他们得到的结论是:"方法是通向能力的桥梁,能力既依赖于知识,更依赖于方法。在某种意义上,方法本身是能力的一部分。能力培养可以从强化方法教育入手。"[2] 上海市总结近年来课程改革经验得出的结论是:"能力与方法是密切联系的。一般地说,人们完成某方面任务能力的强弱,是与掌握方法的自觉程度与熟练程度密切相关的。可以认为,方法是能力的'核心',是对能力起决定性作用的因素。"[3] 这充分说明了科学方法在科学教育中处于中心地位。

综上所述,把知识本身作为教学目标,还是把知识作为工具和手段以掌

---

[1] 高凌飚. 在物理教学中应重视科学方法教育 [J]. 物理教师,1992 (4):1-4.

[2] 浙江省教育学会中学物理教学分会. 高中物理方法教育研究 [M]. 杭州:浙江教育出版社,1995:2.

[3] 张民生. 中学物理教育学 [M]. 上海:上海教育出版社,1999:32.

握科学方法作为教学目标，这体现了两种完全不同的教育思想和教育结果。按照现代教育观，作为人类认识结果的知识固然重要，但探求结果的科学方法更加重要。因此，现代教育更关心怎样使传授知识的过程成为掌握科学方法、开发学生智慧的过程①。因此，从知识中心向方法中心转变，是科学教育理论与实践发展的必由之路。

（四）科学方法教育的实施

如何在科学教育中实施科学方法教育？笔者提出如下建议。

1. 课程标准应当把科学方法作为课程内容

课程标准是编写教材的指导性文件。在制订中，除了要考虑科学的基本概念、基本规律、基本实验，还应当把科学方法作为课程内容之一，把科学方法摆到重要的地位。这既是科学教育规律的必然要求，也是课程标准制订中课程目的与课程内容相互对应的逻辑体现。

科学方法虽然与科学知识相互依存，但又有一定程度的相对独立性。科学方法与科学的概念、规律等科学知识一样具有独立的体系。因此，科学方法是客观存在的，具有客观实在性，也就毋庸置疑地成为科学课程内容。

科学方法教育既需要潜移默化地熏陶，又需要进行着意训练。在当前科学教育普遍忽视科学方法的情形下，尤其应当给予科学方法以特别的重视，在制订知识教学目标的同时，制订出相应的科学方法教育目标。要明确不同阶段科学方法教育的重点、难点，对不同的科学方法，提出不同的要求并结合学生的认知水平和具体的教学内容制订出可操作的培养计划。

2. 教材编写应当显化科学方法

教材作为一个教学基本内容的书面材料系统，对安排教学过程以形成学生的认知结构、能力结构和品格结构，具有知识载体、教学指导和实用参考的作用。可以说，教材体系以什么为核心，在最基础的层次上决定着教育的质量。

受科学知识中心论的影响，长期以来我国的科学教材通常对科学知识采用显性处理，而对科学知识的内在关系和科学方法采用隐性处理，即不在课文中写明。这种处理方式的出发点是让学生在学习过程中自己去感悟，但实际上由于科学方法的隐蔽性特点，很多教师尚且不能充分了解教材中科学方法的全貌，更遑论处于学习阶段的学生。因此，教材的隐性处理方式就造成了科学方法教育的放任自流，从而影响了科学方法教育的效果。

教材编写显化科学方法，并不是说脱离具体的知识而只讲方法，而是说应当强调、突出科学方法，按照科学方法所展示的路子去编写教材。采用科学方法的显化方式来编写教材，逻辑明确，脉络清晰，容易使学生在学习中

---

① 袁振国. 反思科学教育 [J]. 中小学教育，1999（12）：2-4.

建立良好的认知结构，并形成有序的知识结构。这样培养出来的学生往往具有很强的分析问题和解决问题的能力，这正是素质教育所追求的目标。

3. 按照科学方法的逻辑设计教学程序

目前的教学往往是从传授知识的角度来设计教学的程序。这样做虽然也能使学生从中学到一些科学的方法，但学生对科学方法的理解往往是表面的、肤浅的并且是零星的、不连续的，收效甚微。

如果按照科学方法的逻辑去组织教材，安排教学进程，即把方法教育作为教学活动的核心，则情况就大不一样。比如，欧姆定律的教学可以这样设计：如何研究问题（实验法）→如何实验（控制变量法）→如何分析实验数据（图象法）→如何得出定律的表达式（经验公式法）。显然，科学方法贯串整个教学的过程。

这样来进行欧姆定律的教学，把科学方法体现在知识的认知过程中，按照学生的认知模式进行教学，使学生清楚地了解教学的过程，进而引导学生去经历这一过程，从而使学生真正领略到科学方法和科学知识的内涵，并得到能力的提高。

4. 让学生应用科学方法解决实际问题

在科学教育中进行科学方法教育，必须结合实际问题进行。这是因为，科学方法的真正掌握，必须要在探索和发现中进行，这正是科学方法与科学知识的不同之处。

科学知识既可以运用接受学习模式教学，又可以运用发现学习模式教学，而科学方法必须运用发现学习模式才能使学生真正掌握。学生不亲自经历运用科学方法进行发现的探索，就很难发现科学方法的关键与要素，更难以体会科学方法某些可以意会，难以言传的奥妙之处。而这种探索的过程，正是学生将科学方法内化为自己认知图式的过程。一旦学生完成这一过程，科学方法便成为学生认知结构中的"信息"单元，就可以随时调用，从而得到能力的发展。

因此，为了使学生掌握科学方法，在科学教育中，必须创设良好的认知情境，让学生主动地观察、讨论、思考、实验，并对学生的探索进行指导，使学生沿着科学的思路与方法去探索，从而在不知不觉之中掌握其中所运用的科学方法。

二、概念与规律的教学要求——以物理概念与规律为例

（一）物理概念与规律教学要求的回顾与反思

物理概念与规律教学既是我国物理教学理论与教学实践的基本问题，又是我国物理教学的重要内容。应当说，我国物理教育界对物理概念与规律教学的

讨论与研究始终在进行，并涌现出了一系列重要的教育教学成果及经典论著，对我国物理教学的发展及教育水平的提高起到了重要的促进作用。然而，在繁华的背后，笔者发现，我国物理概念与规律教学中仍然存在着一些长期未被关注的问题，需要通过研究加以解决。这对在物理教学中落实立德树人的根本要求，发展学生的核心素养具有重要的意义。

基于此，笔者采用对我国师范大学广泛使用的经典物理教学法教科书中有关"物理概念与规律的教学要求及教学环节"进行梳理的方式，希望为这一问题的解决寻找思路。这是因为，物理教材比较准确地反映了同时期物理教育的研究水平和发展状况。因此，对经典物理教学法教科书进行研究，就聚焦了物理概念与规律教学要求的研究取向与研究结论，同时具有一定的时代性与代表性。按照这种研究思路，分别研究了许国梁主编的物理教学法教材与阎金铎主编的物理教学法教材。

如表4-8所示，是许国梁主编的教材对物理概念与规律的教学要求与环节的论述。

表4-8 许国梁主编版本：物理概念与规律的教学要求与环节[①]

作者	教材名称	教学要求	教学环节
许国梁	《中学物理教学法》高等教育出版社（第2版）	1. 为什么要引入某个物理概念和研究物理规律 2. 怎样研究（包括有哪些主要的物理现象、事实、运用了怎样的手段和方法） 3. 通过研究得到怎样的结论（包括概念的如何定义、规律如何叙述及表达式） 4. 概念规律的物理意义（概念规律反映的本质属性及联系、适用范围和条件） 5. 某个概念规律有什么应用	1. 加强实验，审慎地选择实验和事例，使学生获得必要的感性认识，是形成概念、掌握规律的基础 2. 重视科学抽象，突出本质，摒弃非本质，使学生理解由感性到理性的上升过程，是形成概念的关键 3. 使学生理解物理概念的物理意义是形成概念的根本 4. 形成概念要注意阶段性

认真研读可以发现，该版本未对物理概念与规律教学进行区分，而是将其视为一体。从数量上看，该版本提出了五个教学要求和四个教学环节。其教学要求的第一条指出：为什么要引入某个物理概念和研究物理规律，第二条又专门指出研究方法，第三条和第四条虽然分开论述，但其实都是在探讨物理概念和规律的本质，第五条是概念与规律的应用。该版本的四步教学环

---

① 阎金铎，郭玉英. 中学物理教学概论（第三版）[M]. 北京：高等教育出版社，2016：148-187.

节首先是教学情境的创设,其次是强调方法,但是这里的方法范围较窄,并不直接指科学方法。第三步主要强调物理概念与规律的本质,但最后一步"形成概念要注意阶段性",显然不是指物理概念及规律的应用,而且其实质也不属于教学环节。

表 4-9 所示为阎金铎主编的教材对物理概念与规律教学的要求与环节的论述。

表 4-9 阎金铎主编版本:物理概念与规律教学的要求与环节①

作者	著作名称		教学要求	教学环节
阎金铎	《中学物理教学概论》高等教育出版社（第 3 版）	物理概念教学	1. 明确建立概念的事实依据和研究方法 2. 理解物理概念的内涵 3. 了解物理概念的外延 4. 了解概念与有关概念的联系与区别 5. 学会运用概念	1. 创设学习物理概念的情境 2. 引导学生运用科学思维方法建立物理概念 3. 选择具体问题,运用物理概念
		物理规律教学	1. 明确物理规律所研究的主题,以及建立规律的事实依据与科学方法 2. 理解物理规律的物理意义 3. 明确物理规律的适用条件和范围 4. 明确物理规律与有关物理概念、规律之间的关系 5. 学会运用物理规律说明、揭示现象,分析和解决实际问题	1. 创设物理情境,形成科学问题 2. 实施科学探究,促进知识建构 3. 讨论物理规律,理解物理意义 4. 运用物理规律,解决实际问题

仔细梳理不难发现,该版本分别对物理概念和物理规律进行了讨论。从数量上看,该版本提出物理概念教学遵循五个要求,对应三个环节;物理规律教学遵循五个要求,对应四个环节。

在教学要求部分,该版本的第一条为"明确建立概念的事实依据和研究方法",也即认为物理概念教学要求的第一条是"事实依据和方法"。而在相

---

① 许国梁,束炳如. 中学物理教学法:第 2 版 [M]. 北京:高等教育出版社,1999:119-126.

应的教学环节中，第一步却是创设学习情境，第二步是引导学生运用科学思维方法建立物理概念。由于"事实依据"和"方法"是两个范畴，该版本的第一条教学要求其实是将事实依据与方法等同了。

进一步分析发现，该版本的教学要求第二、第三和第四条虽然分开论述，但实际都是在探讨物理概念的本质。也就是说，该版本中物理概念教学的要求其实包含四条，即明确建立概念的事实依据，明确建立概念的科学方法，探讨概念的本质（包括概念的内涵外延及与其他概念的联系），最后是概念的运用。物理规律的教学要求和环节与物理概念的教学要求与环节基本相同。

透过对上述经典教材的回顾与梳理可以发现，许国梁与阎金铎主编的两部物理教学法教科书作为我国师范大学公认的经典且广泛使用的教材，在物理概念与规律教学这一议题上的论述并不统一，除了教学要求和教学环节不相匹配，两书在教学要求和教学环节的设置上也迥然不同。要回答造成这一现象的原因，自然绕不开对我国物理教学法特征的认识。老一辈物理教育研究者乔际平认为：物理教学法是建立在经验总结的基础上[1]。虽然经验层面的研究在一定意义上促进了物理教育教学的发展，但也在一定程度上制约了物理教育教学的进一步提升，并最终影响物理教学的发展。因此，我国物理教学法经典教材分别提出内涵不同的物理概念和规律教学要求及教学环节，不能认为是一种合理的状态。换言之，物理概念与规律教学要求及环节的确立亟待超越经验，形成规范的理论。有鉴于此，有必要对我国物理概念与规律教学进行回顾与反思，对物理概念与规律的教学要求进行重构，达成物理概念与规律教学的规范化。

（二）物理概念与规律教学要求的规范与重构

物理概念与规律教学要求规范与重构的一个重要思路，就是要进行理论思维，进而超越经验思维，最终形成物理概念与规律教学要求的理论。

1. 物理概念与规律教学要求的理论建构

从物理学三维结构图出发，可以为物理概念与规律的教学提供具有指导意义的理论基础。追溯其演变历程，发现其来源于美国霍尔顿提出的物理学三维结构模型和苏联费多琴柯提出的经典力学学科结构平面图。霍尔顿是美国哈佛大学物理教材改革计划（HPP）的主要执笔人，他认为，物理学的任何一部分基本内容（包括物理量、定律、理论）的结构及发展都可以分解为三种因素或三个坐标：X—实验（事实）、Y—物理思想（逻辑、方法论）、Z—数学（表述形式或计量公式），这可谓是抓住了物理学知识结构的核心。

---

[1] 乔际平，等. 物理学科教育学 [M]. 北京：首都师范大学出版社，1999：3.

因此，这一普适的物理学结构模型也为物理学各分支学科、各章节单元课题的结构及教学规律指明了方向。苏联费多琴柯的学科结构图实际上是把三维结构投影到平面上，形成了上（实验）、中（核心理论）、左（科学方法论）、右（数学）、下（运用与延伸）五个区域，从而全面反映了物理学的特点及相互关系，特别是反映了知识和方法的关系，是一种典型的物理学知能结构图[①]（图4-10）。

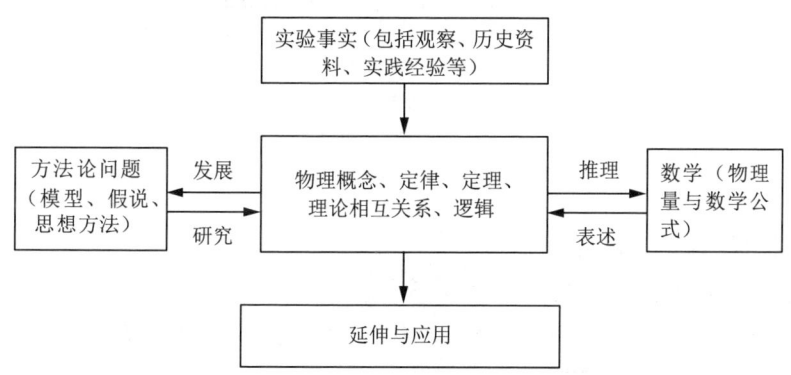

图4-10　以物理知识为中心的物理学知能结构图

毋庸置疑，物理学知能结构图的提出为物理概念与规律教学要求的建立提供了启示。然而，认真分析之后，笔者发现这一结构还存在问题。因为实验事实与物理概念规律之间并不存在直接关联，实验事实必须借助科学方法才能进一步形成物理概念与规律。因此，由实验事实直接抵达物理概念、定理、理论，在教学逻辑上是存在问题的。同样，物理概念与规律的应用也不能直接完成，亦需要借助科学方法的介入才能延伸与应用。

为解决上述问题，笔者建构了以科学方法为中心的物理学知能结构图如图4-11所示[②]。

与传统结构图不同的是，图4-11虽然也由实验事实、物理概念规律、科学方法、数学，以及延伸和应用五部分组成，但科学方法居于整个结构图的中心地位，分别与其他四个部分发生联系，起着核心和纽带的作用。进一步，它将物理概念与规律教学分为知识获得和知识应用两个过程。物理知识获得过程包括从实验事实出发，借助科学方法形成物理知识。物理知识应用过程包括从物理概念、规律出发，借助科学方法进行延伸与应用。如此，以科学方法为中心的物理学知能结构图就为物理概念与规律教学要求的规范和

[①] 阎金铎，田世昆. 中学物理教学概论 [M]. 北京：高等教育出版社，1991：38-42.
[②] 邢红军，陈清梅. 从知识中心到方法中心：科学教育理论的重要转变 [J]. 首都师范大学学报（自然科学版），2011，32（6）：20-26.

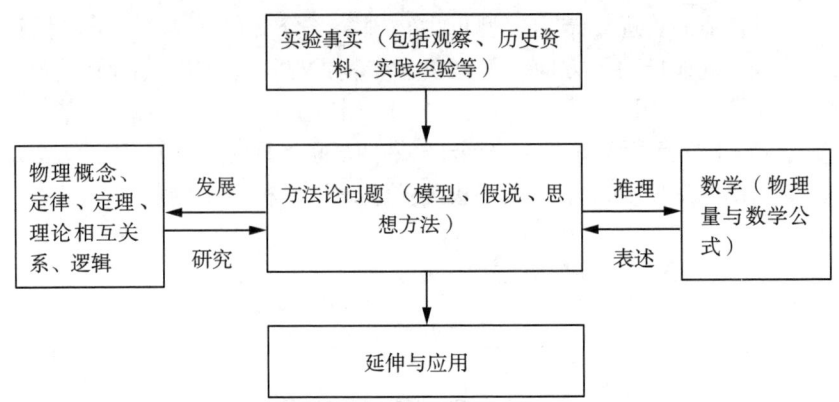

图 4-11　以科学方法为中心的物理学知能结构

重构提供了坚实的基础。

2. 物理概念与规律教学要求的重构

以科学方法中心物理学知能结构图为基础，遵循物理教学的逻辑，笔者重构了物理概念与规律的教学要求。

（1）创设物理概念规律建立的情境。"现象是物理学的根源"[1]。因此，在物理概念与规律的教学中，应以实验事实作为出发点，把创设情境作为物理概念与规律教学的第一步，为学生提供感性认识的材料，这与物理学的根本特点是一致的。而以往的研究对实验事实和科学方法不进行区分，将两者一同作为物理概念与规律的教学要求，极易混淆物理概念与规律教学的起点，不利于教学逻辑的顺利展开。

（2）运用科学方法建立物理概念与规律。物理概念与规律作为物理知识，其获得也必然要借助科学方法。因此，在创设物理情境之后，就需要沿寻物理概念与规律获得的逻辑路径，运用科学方法建立物理概念及规律。

为了恰当运用科学方法建立物理概念与规律，需要将科学方法的运用过程加以展开，按照科学方法的内在逻辑呈现物理概念与规律建立的过程。比如，建立密度概念时的比值定义法呈现过程就应当包括四个步骤：①选取比较的对象（质量 m）；②选取比较的标准（体积 v）；③研究比较的意义（m/v）；④得到比较的结论（$\rho = m/v$）。正是通过科学方法的展开过程，才能使物理概念与规律以一种符合物理教学逻辑的方式水落石出[2]。

需要指出的是，数学也是科学方法的一种。物理概念与规律的建立往往

---

[1] 杨振宁. 杨振宁文集 [M]. 上海：华东师范大学出版社，1998：508.
[2] 邢红军，胡扬洋，陈清梅. 密度概念教学的高端备课 [J]. 教学月刊（中学版），2013（8）：53-56.

需要上升到定量的层次，这时就要用到数学方法。通过明确并梳理科学方法的分类，有利于物理概念与规律教学过程的顺利展开。

（3）理解物理概念与规律的本质。物理概念与规律的教学不能仅满足于得出定义或表达式，还应注意物理概念与规律本质的阐释，包括内涵、外延、使用条件及背后蕴含的物理思想和物理观念等，如此，才能使学生真正理解物理概念与规律的本质。

以能量概念为例，我国物理课本长期囿于"能量是一个表明物体做功本领物理量"的定义。对此，美国学者莱尔曼进行了尖锐的批判，他认为能量的定义应该同时以热力学第一定律和热力学第二定律为依据，把热也作为一种形式考虑在内。他指出，一定量的功可以产生一定量的热，一定量的热却不能在不对外界影响的情况下完全转化为功；能量在转化中总保持守恒，而做功的本领却不是守恒的，它在转化的过程中要不断地损失掉[①]。因此，完整的能量定义应当是：能是表明物体做功本领和产生热本领的物理量。由此可见，要使学生真正理解能量的定义，除了定义的精准，还应使学生理解能量定义背后蕴含的"守恒"与"转化"思想。因为能量由于守恒才能被定义，同时功与热可以定量地相互转化。

显然，依据科学方法中心的物理学知能结构图 4 – 11，物理概念与规律的获得过程得以确定。在这一过程中，实验事实经由科学方法加工得到物理概念与规律。换言之，在物理概念与规律的获得过程中，起点是情境，过程是方法，终点是知识。

（4）借助科学方法应用物理概念与规律。物理教育心理学的研究表明，物理概念与规律教学唯有通过应用，才能使学生理解得更深刻，掌握得更牢固。由于物理概念与规律的应用同样需要经由科学方法才能实现，因此，为了使物理概念与规律能够顺利应用，就必须借助科学方法。研究显示，获得物理概念与规律的科学方法和应用物理概念与规律的科学方法并非同一类群，在内容上只有少部分交叉。所以，在应用过程中就需要注意对科学方法的甄别与选取。以牛顿第二定律教学为例，获得牛顿第二定律需要使用控制变量法、实验法、图像法和比例系数法等；而应用牛顿第二定律，则主要使用隔离法和整体法。

借助科学方法应用物理概念与规律具有重要意义。这是因为，这一教学要求实际上是通过对科学方法在不同教学过程中运用的分类，厘清物理概念与规律教学中的两个重要路径，使教学的脉络更加清晰。进一步，通过显化物理概念与规律应用过程中的科学方法，凸显了科学方法的枢纽地位，从而

---

① 莱尔曼. 能量并非是做功的本领 [J]. 周赞明，译. 物理教学，1980 (2)：44 – 47.

完善了物理概念与规律教学要求的内涵。

（5）运用物理概念与规律解释物理现象。延伸与应用是物理概念与规律教学的最后环节。需要明确的是，这一环节绝不是物理概念和规律的简单应用，更不能理解为解答物理习题。只有通过解决实际物理问题，学生才能真正理解物理概念与规律。因此，在教学的这一阶段，可以通过引入原始物理问题进行教学。所谓原始物理问题，是对物理现象的描述，不仅新颖而且与社会生活紧密相连。以隧道广告为例：

当地铁在漆黑的隧道中稳定运行时，乘客通常会看到窗外动态的广告。如果地铁运行速度稍快或者稍慢，乘客就会看到广告向后或者向前缓慢移动，请解释这一现象。

通过解决这样的问题，物理概念与规律的延伸与应用就摆脱了习题训练的模式化倾向，为学生提供了掌握物理概念与规律的机会。不难发现，在物理概念与规律的应用过程中，起点是知识，过程是方法，终点是应用。

三、研究反思与启示

（一）重视物理概念与规律教学的理论研究

长期以来，我国物理概念与规律的教学始终未能突破经验总结的深层原因，在于研究一直缺乏真实的理论基础。因此，物理概念与规律的教学要求欲改变踟蹰不前的局面，就需要寻找坚实的理论基础。

哥德尔定理表明，一种足够丰富和前后一贯的理论，是不能由它本身，或者比它本身更不完善或更"弱"的手段来证明自身的无矛盾性；一个理论体系如果仅仅以自身的手段为工具去证明自己，就必定会导出一些不能决定其真伪的命题来。任何一个理论体系就其自身来说总是不完备的。一个理论体系要证明自身的无矛盾性就必须借助另一个比它更完善或者更"强"的理论[①]。在这个意义上，以科学方法为中心的物理学知能结构堪称大任。它在抓住物理教学要素的同时，兼具科学、合理、流畅的教学逻辑，从而展现了物理概念与规律教学的应有之义，使物理概念与规律的教学得以超越经验上升到理论层面，它有效地解决了物理概念与规律教学要求中长期"滞留"的问题，从而为物理概念与规律教学要求的重构提供了理论指引。

在物理教育中，把获得知识本身作为目的，还是把获得知识作为工具和手段以掌握科学方法作为目的，这是两种完全不同的教育思想[②]。因此，物理教学不应当是简单地揭示物理知识的内涵，更为重要的是要找寻研究物理知

[①] 雷永生，王至元，杜丽燕，等. 皮亚杰发生认识论述评［M］. 北京：人民出版社，1987：9.
[②] 袁振国. 反思科学教育［J］. 中小学管理，1999（12）：2-4.

识的方法。显然，重构的物理概念与规律教学要求，就较好地体现了以科学方法为中心的物理教育思想。在这种物理概念与规律教学要求中，把方法作为教学要求的核心，物理知识的得出与应用都要借助科学方法。换句话说，科学方法是"源"，而物理知识是"流"。这就从根本上扭转了传统的以知识为中心的物理概念与规律教学要求，从而为物理概念与规律教学要求的研究开启了新的篇章。

（二）把握物理概念与规律教学的逻辑

追寻物理概念与规律教学要求的逻辑内涵，必须回答如下问题：教学要求的理论依据是什么，逻辑顺序是什么，究竟包含哪几项，有没有遗漏，是否存在重复。显然，只有在正确回答这些问题的基础上，才能重构物理概念与规律教学的要求，进而突破传统物理概念与规律关于教学要求的认识。

物理教学要求应当讲求逻辑，这不仅是因为物理学逻辑诠释与彰显的需要，还因为物理教学所独有的教育性与简约性要求。正因为如此，研究物理概念与规律的教学要求，仅从经验层面无法发现存在的逻辑缺失。只有通过对科学方法为中心的物理学知能结构的深入研究，才能发现物理概念与规律建立和应用的逻辑道路。由是观之，基于科学方法中心的物理学知能结构重构的物理概念与规律教学要求，完满地解决了长期悬而未决的问题。它明确指出，物理概念与规律的教学要求包括五个部分，依次是：创设建立物理概念与规律的情境→运用科学方法得到物理概念与规律→诠释物理概念与规律的本质→借助科学方法应用物理概念与规律→运用物理概念与规律解释物理现象。概而言之，通过达成物理概念与规律教学要求的逻辑自洽与内涵合理，从而为物理概念与规律教学提供了实践导引。

（三）反思物理概念与规律教学的传统

我国物理教学具有诸多优秀的传统，这些传统需要在研究中不断继承与发展，才能使物理教学更加完善。然而，回溯传统并不是拘泥抑或片面膜拜，而是在尊重传统的基础上，不断发现和洞察我国物理教学传统中存在的问题，进而找到破解与发展之道。

回顾几十年来物理教学的发展历程，不难发现，物理教学研究一直伴随着基础教育课程改革前行。当前，需要思考的是，是否需要适当放缓匆匆的脚步，回首审视以往研究的成败得失，看看还有哪些已有研究尚存不足，是否需要以新的视角进行审视。这样，物理概念与规律教学要求研究的意义就不应当理解为仅仅是对物理教学传统的反思与修正，而应当把这一研究的意义上升到落实核心素养的高度。因为核心素养是知识、技能、能力在相关工作领域与个体特质相互作用的结果[①]。因此，物理概念与规律教学要求研究的再出发，既是对物理教学传统反思的一个典型范例，又是落实核心素养的有益尝试。

事实上，在物理课程改革中，无论是"双基教学""三维课程目标"，还是"核心素养"，归根结底，都要以概念与规律的教学作为基石并在此基础上落实课程目标。如果不能从本质上厘清物理概念与规律教学的基本要求，那么，再先进的教育理念运用到教学实践中去，也难逃昙花一现的命运。正如谚语所言："皮之不存，毛将焉附。"在这个意义上，重构物理概念与规律教学要求的研究，无疑是对我国物理教学传统最好的继承与发展。

四、密度的创新教学设计

为了让读者理解如何进行创新的教学设计，下面结合表4-10中一个最简单的知识内容，使读者了解创新教学设计"小天地里的大学问"。

密度作为初中物理引入最早、抽象程度较高的概念，一直以来都是传统教学的重点和难点。因此，如何以更宽广的视野透视密度教学的内涵，并彰显其物理本质与教学逻辑，就成为物理高端备课研究的重要内容。

（一）现行教材的逻辑偏误

现行人教版教材（2012年版）密度一节安排在质量概念之后。教材首先通过举例提出假设："同种物质的质量与它的体积成正比吗？"旋即安排了实验："探究同种物质的质量与体积的关系"，以铝块为例，取大小不同的铝块分别测量质量和体积，将数据填表并绘制 m - V 图线（表4-10和图4-12）。由此，引导学生得出铝块质量与体积成正比的结论，并推广至其他物体。在此基础上，教材提出："同种物质的质量与体积的比值是一定的，物质不同，其比值一般也不同，这反映了不同物质的不同性质。"就此得出密度概念："某种物质组成的物体的质量与它的体积之比叫做这种物质的密度。"并进一步给出了密度的公式。[②] 教材编写所传达出的信息就是，密度概念得出的原因就是质量与体积的"比值一定"。

教材的这种处理方式主要存在三个问题。第一，教材编写的逻辑谬误在于，完全回避了比值定义法而试图得出密度概念；第二，它忽视了密度教学中的一个关键问题——为什么要用质量与体积相比来定义密度。只回答是什

[①] 辛涛，姜宇，林崇德，等. 论学生发展核心素养的内涵特征及框架定位 [J]. 中国教育学刊，2016（6）：3-7.

[②] 人民教育出版社课程教材研究所，物理课程教材研究开发中心. 物理（八年级上册）[M]. 北京：人民教育出版社，2012：113-116.

么（比值是常量），而不回答为什么（为什么要比）①，这反映了教材对密度概念引入的理解缺陷与生硬处理；第三，通过描点、画图，用图线的斜率得出密度概念并不必要，已经偏离了密度概念得出的逻辑路线。

表 4-10　测量铝块的质量与体积

铝块	m/g	V/cm³
铝块 1		
铝块 2		
铝块 3		
铝块 4		
⋮		

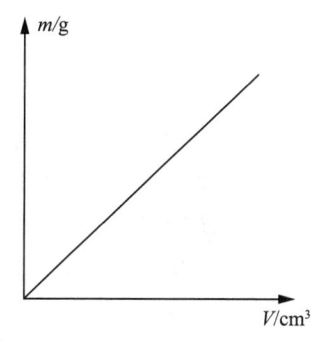

图 4-12　m-V 图线

笔者认为，密度概念教学困难的原因在于，教材对物理概念教学基本逻辑的忽视，突出表现为密度教学中比值定义法未被显化，这不仅造成了概念引入的逻辑颠倒，而且使教材没能处理好"变"与"不变"的关系。即没能回答各个物理量为什么变？为什么不变？导致学生无法理解三个物理量之间的关系。这将导致学生只会背密度公式，但对密度概念并没有深刻理解的教学结果。

事实上，现行所有的初中物理教材对密度概念教学的深刻内涵，以及面临的特殊困难都缺乏清醒的认识。就密度概念教学而言，由于它是将学生引入经典物理体系的一个"关键概念"和"节点概念"，并且还要面对学生头脑中存在的大量关于密度的日常观念或直觉意识。② 所以，一旦不能恰当地处理，就很容易导致逻辑失序，并使学生的大量前概念被裹挟进来。由此为后续的物理学习埋下隐患，遑论给学生打好坚实基础，分化和学习困难现象就成为在所难免。

（二）彰显教学逻辑的高端备课

现行教材之所以未能合乎逻辑地得出密度概念，归根结底还是因为没能解决为什么要用两个量相比来定义密度这一核心问题。因此，由"比值一定"导出密度概念，就必然导致逻辑上倒果为因的错误，由此引发的教学偏向也就可想而知。对此，笔者认为，只有依据比值定义法的内涵，才能展现本节课的教学过程并有力地表达密度教学的逻辑。以下是笔者设计的"密度"概

---

① 邢红军. 按照比值定义法的本质改进高中物理概念的编写 [J]. 物理教师，2004，25 (4)：5-7.
② 吴娟. 中小学生密度概念发展及其影响因素的研究 [D]. 桂林：广西师范大学，2003：12.

念高端备课的四个教学环节。

1. 有心栽花花不成：直接比较两个不同物体的质量

事实上，权衡、掂量不同的物体是人们对经典物理世界最朴素、最本原的感知，因此，在明确质量这一描述物体量化属性的物理量之后，如何比较不同物体的质量就是一个需要解决的问题了，而密度概念的教学就应立足于"比较"物体"谁轻""谁重"这种本原的、朴素的动机。所以，笔者提出，教材应该将长期以来用作引入密度的"鉴别物质"思路转变为"权衡轻重"的思路。这既与源于学生日常经验的认知倾向相一致，又符合比值定义法的核心思想与本质内涵。所以，密度概念引入的后续操作都应在这一思想引领下展开。据此，可以引导学生提出：通过直接比较两个不同物体的质量来判断物体的"轻""重"，从而得出密度的表达式。根据作文起、承、转、合的章法，这一教学环节由直接比较物体轻重发端，谓之"起"。

选择一小块铁（质量 $m_1 = 39.5 \times 10^{-3}$ kg，体积 $V_1 = 5.0 \times 10^{-6}$ m³）与一大块石头（质量 $m_2 = 357.5 \times 10^{-3}$ kg，体积 $V_2 = 130.0 \times 10^{-6}$ m³）进行比较。（图 4-13）结果发现，直接比较无法得出符合学生日常经验的结论。因为石头比铁更重！针对这一困惑和认知冲突，教师可以引导学生分析原因：导致直接比较出现错误的原因是没有选取相同的标准。于是，解决问题的方法就是在比较时选取相同的标准。

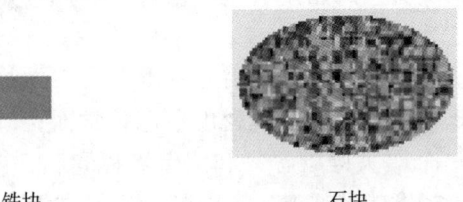

铁块　　　　　　　石块

图 4-13　铁块与石块

2. 栽花不成选标准：选取相同的标准继续比较不同物体的质量

据此，需要将物体的体积变成一样，即选择同样体积的铁块和石块，这意味着将体积选作了标准。然而这并非要对物体采取切割、弥补等手段，而是利用除法这一数学工具，把质量与体积相除，使体积这一标准化为"1m"。用除法得到比值"$\dfrac{m}{V}$"后，就可以有效地进行比较了。这一比值的形式也与公式"$\rho = \dfrac{m}{V}$"顺理成章地初步建立了联系。

按照这一思路，得到铁块的比值 $\dfrac{m_1}{V_1} = 7.9 \times 10^3$（kg·m⁻³），石块的比值

$\dfrac{m_2}{V_2}=2.75\times10^3$（kg·m^{-3}）。结果发现，虽然比值的大小契合了学生的日常经验（铁比石头重），但却与我们的研究思路不一致（直接用物体的质量大小来衡量物质的轻重）。这一比值为什么不同于"权衡物体轻重"的初衷？比值的含义是什么？由此就需要展开第三步的教学环节。本环节我们谓之"承"。

3. 无心插柳柳成荫：诠释比值的物理意义

在本环节，选择多组不同的铁块与石块进行测量、比较，用来解答上述两个问题，并通过量化分析来研究比值的内涵与变化趋势，测量与计算结果如表 4-11 所示。

表 4-11 铁块、石块的质量、体积及其比值

组别	铁块 质量/kg	铁块 体积/m^3	铁块 比值/(kg·m^{-3})	石块 质量/kg	石块 体积/m^3	石块 比值/(kg·m^{-3})
1	39.5×10^{-3}	5.0×10^{-6}	7.9×10^3	357.5×10^{-3}	130.0×10^{-6}	2.75×10^3
2	117.7×10^{-3}	14.9×10^{-6}	7.9×10^3	96.3×10^{-3}	35.0×10^{-6}	2.75×10^3
3	162.74×10^{-3}	20.6×10^{-6}	7.9×10^3	14.0×10^{-3}	5.1×10^{-6}	2.75×10^3

研究多组数据发现，比值同物体的质量和体积均无关系。至此，研究思路发生了重大变化。因为我们原本是要比较质量大小，结果却出现了一个与质量无关的常量。如果说，第一环节是"有心栽花花不成"，那么第三环节就可谓"无心插柳柳成荫"。这一步的教学经历了研究结论从"有心栽花"到"无心插柳"的微妙变化，谓之"转"。

至此，比值 $\dfrac{m}{V}$ 更深层次的物理意义才被顺利得出，即比值是物质的疏密程度，它把物体量的差异进一步抽象到了致密度这一更深、更抽象的层次上[1]，它反映了物质本身的一种属性，将其称为物质的"密度"。在这一环节结束后才给出"密度"的称谓，充分体现了高端备课的精妙逻辑。

比值定义法不是一整套机械的操作，而是有核心思想的驱动与思维方法的调控。具体而言，比值法不是抽象的，而是有深刻的物理内涵。所以，第四个教学环节就要联系学生朴素的生活经验，增加对比值定义法的体认，使学生对科学方法的认识更加丰满。

实际上，比值定义法有着广泛的日常经验基础，认为其抽象是因为不理

---

[1] 曹则贤. 物理学咬文嚼字之十一：质量与质量的起源[J]. 物理，2008，37（5）：355-358.

解这一方法的本质内涵，即只知道比，而不知道为什么要比。而"比较要选取相同的标准"，这种思想与学生已有的经验是高度一致的，教师可以进一步举出这样的例子：小明的爸爸下班，走到小区门口，买了 2.1 kg 橘子，花了 16.38 元。小明的妈妈也下班，走到小区门口买了 2.85 kg 橘子，花了 21.09 元。问小明的爸爸和妈妈谁买的橘子更便宜？在这里，学生很容易理解，比较选取相同的标准就是 1 kg 橘子的价钱。奥苏贝尔认为，有意义学习就是符号代表的新知识与学习者认知结构中已有的适当观念建立了非任意的和实质性的联系[①]，显然，这种举例与奥苏贝尔的理论具有一致性。

除的概念非常抽象，而这一环节的教学意义在于，它很好地表达了密度概念是用学生已经拥有的"比较要选取相同标准"的思想来解决这一问题的，从而使学生产生成功的体验。因此，该教学环节就绝非画蛇添足，而是锦上添花。这一教学环节谓之"合"。

(三) 对教学的启示

物理高端备课不仅要明确"做什么""如何做"，还要基于深度的理论思考，在教学中论证"为什么要这样做"。物理教育家乔际平曾指出：物理教学法只回答了教学过程中"是什么"问题，而没有从根本上清楚明确地回答物理教学中的"为什么"问题，而物理教学论则要对物理教学过程中的各种问题作出"为什么"的回答。[②] 从这个意义上讲，密度概念教学的高端备课事实上是从物理教学论的视角诠释了密度概念引入的教学逻辑。正是基于这种视角，笔者展开了密度概念教学的四个逻辑步骤（表 4-12）。

表 4-12　密度概念教学的逻辑、环节与操作

序号	教学逻辑	教学环节	教学操作
1	起	有心栽花花不成	直接比较两不同物体的质量
2	承	栽花不成选标准	选取相同标准比较两不同物体的质量
3	转	无心插柳柳成荫	比值与质量无关，反映了物质的固有属性
4	合	世事洞明皆学问	联系学生的生活经验理解比值定义法

纵览密度概念的起、承、转、合四个教学逻辑环节，得到了以下三点启示。

1. 深入理解物理教学的逻辑

物理教学对逻辑性有着特殊的要求，课程的模块、探究的步骤都无法代

---

① 陈琦，刘德儒. 当代教育心理学 [M]. 北京：北京师范大学出版社，2007：165.
② 乔际平. 物理教育学 [M]. 南昌：江西教育出版社，1992：3.

替对物理教学逻辑的认识。这种教学逻辑要求教师不仅要讲出"是什么",还要讲出"为什么",即每一个教学环节和行为都应有整体考量下的充分依据。这样才能使教学环环相扣、逐步深入。本节中,只有厘清比值定义与密度之间的逻辑关系,才能使教学有序深入、渐入佳境。否则学生只能掌握密度的表面特征,而不能明晰其来龙去脉,从而造成学生在现象上打转而不能深入到本质。

2. 充分显化物理教学中的科学方法

科学方法显化教育的意义不仅在于科学方法的应用价值,还因为科学方法独特的动因、内涵与逻辑。这些都显示了科学方法独立于知识的表达体系,也显示了科学方法作为表达并落实教学逻辑的主线与关键。在密度概念教学中,学生大都有关于密度的前概念,但是经由科学方法得出的定量概念还未建立。正是在充分洞察并显化比值定义法内涵与操作的基础上,物理高端备课才使整个密度教学环节清晰、豁然开朗,学生的思维发展才找到了有力的、系统化的逻辑通道。

3. 洞察并联系学生的朴素认识

密度教学由于面对初学物理的学生,所以特别需要关注学生的前概念和朴素认识。因此,初中物理教学就需要对学生给予一种特殊的关照,这种特殊的关照是指,通过体察入微的教学设计,从而在教学过程中使学生确证自己在教学中的主体地位。而教学"权衡轻重""无心插柳"等环节都在潜移默化中彰显了这一考量,并在第四环节联系"买橘子"的日常经验中给予解释。第四环节看似冗余,实则体现了关注学生的教学理念,其核心内涵在于要让学生感受到密度概念是与自己的经验相一致,并且比值定义法的逻辑也是基于自己的知识和自己的努力思考而"想通"的。由此学生的主体地位得以确立,并最终使整个高端备课的教学达到水到渠成之境界。

第五章　教学技能的维度设计

[本章导读]

本章介绍"立德树人+教学设计+教学技能"的三维大学课堂教学评价模型的第三部分——教学技能。笔者认为，在评价大学课堂教学技能时，应当基于戴尔的经验之塔理论，主要从讲授技能、演示技能和互动技能三个亚维度进行分析。为了帮助读者理解什么是好的讲授，本章还介绍了国际关系学院储殷的演讲、分析了美国哈佛大学桑德尔的教学艺术，从而帮助读者理解什么才是好的大学教学技能。

第一节　讲授清楚

讲授技能是教师使用独白语言，向学生传授知识和方法，形成思想与观念，启发思维，表达思想感情的一类教学行为。讲授技能具有语言准确、简练；逻辑严密、体现思想方法、使学生对现象充分感知，并使学生的直觉概括上升为理性概括的特点。

怎样才算讲授清楚？对此，人们持有不同的学术观点。

比如，《课堂教学技能评价》一书，把讲授技能分为 15 个技能类群。分别如下：

1. 诠释定义

诠释定义是指对概念进行具体而科学的陈述。课堂上进行概念介绍说明时，主要依靠教师与学生之间的"师生对话"和学生与文本之间的"生本对话"来实现。教师可以用知识回顾、引用、比喻、拟人、修饰、下定义等方法，对概念进行详细具体、科学严谨的陈述与讲解。

2. 介绍性聚焦

聚焦是用来比喻教师吸引并保持学生注意力的各种努力。在整个教学活动中，必须始终抓住学生的关注点。介绍性聚焦是通过引起好奇心来提高学生的学习动机，所以教师在进行介绍性聚焦时，往往通过提问、举例、课堂实验等方式，为接下来的课程内容提供一个有效的切入点。

3. 树立权威

在讲课过程中恰当地树立权威，可以提高学生对老师的熟悉度、尊重度、信任度。对话理论告诉我们，教师是对话的引导者、倾听者和合作者，所以教师在课堂中树立权威的目的，并不是为了炫耀自己，而是为了使学生更加相信教师的能力，增强与教师沟通的意愿。

4. 对比举例

对比举例就是类比典型例子，说明概念或佐证观点。合理地选取和利用例子，能够使课堂气氛活跃，加深学生对概念的印象。但所举的例子一定要有目的性，联系实际，富有典型性。

5. 指明要点

指明要点是指出课程中的重要知识点，使学生不错过核心内容，牢记关键点。指明要点可以引起学生对该内容的重视，使学生更加关注课堂内容。

6. 手势配合

在教室讲课过程中，如果手势动作流畅，能够恰到好处地表达思想。手势能使学生跟上讲课节奏，并从以下几个方面提升沟通的效果：手势配合会让学生认为教师很放松；手势配合能创造一对一的对话感觉，减弱距离感；让学生产生教师与他们分享知识的印象。

7. 教学语调配合

每个教师都有不同的授课风格，但只要吐字清楚、声音清晰、语言自然流畅，都可以达到基本的教学要求。出色的教师还会运用语气、节奏的变化，增加讲授的表达效果。如果把手势和声音配合在一起，会使教师的言辞更生动，使学生印象更深刻。

8. 案例讲解

案例教学可以为学生创设一个真实、生动、完整的情境，让学生的思维集中到案例之中，充分体验、分析、思考，从而提高解决实际问题的能力。对案例的讲解可以调动学生的思考积极性，使学习从被动灌输变为主动思考。

9. 角色扮演

角色扮演是指教师在举例或讲解案例时，模仿其他人物言行的做法。这种做法可以活跃课堂气氛，有利于将学生卷入教学情境中，使学生产生认同和共鸣。

10. 示范

示范是一种直观教学法，其目的是使学生通过对动作的观察在头脑中形成清晰的记忆。这种方式可以将抽象的知识转变为直观易懂的行为，提高学生的学习兴趣，激发学生学习的自觉性。

11. 揭示实质

揭示实质是指揭示现象背后的本质，它可以剖析现象的深层含义，说明现象和本质的内在联系。

12. 阐述内在联系

阐述内在联系是指深入说明各个知识点之间的关系，往往借用学生熟悉的知识，阐述知识点之间的关系，从"横""纵"两个方向深化学生对概念的理解，鼓励学生对概念深入思考。

13. 强调重申

强调重申是指多次重复重点内容。适当地进行知识点重复，提高课堂教学效果的有效手段。但值得注意的是，重复的内容需要富含信息量，且次数不宜过多，否则会占用太多课堂时间，减少课堂信息量，让学生感到课程内容冗长。

14. 回顾重点

回顾重点是指复述重点内容，即对先前的学习要点进行复习。这样可以使各个知识点之间建立联系，使其整体化、结构化。同时，教师通过回顾重点，可以引导学生对之前的学习进行检验，将知识进行梳理和消化。

15. 小结与总结

小结与总结是对知识点的提炼概括，它可以强调课程要点、梳理知识结构，对知识点进行升华和提高。小结与总结应该是概括的、结构完整的，它标志着一个主题的结束，是教学过程中的点睛之笔。

《课堂教学技能评价》一书进一步认为，卓越讲授技能点分别为：教学语调配合、示范、回顾重点、小结与总结。

什么叫做讲授清楚？听听经济学家储殷的演讲，你就会明白，这就叫做讲授清楚——主题鲜明，观点明确，条理清晰，讲解明白，语言生动，举例恰当，幽默风趣，形成共鸣，融为一体。

《没人比我们更能在危机下生存》[①] 演讲节选

我讲讲中国为什么不会成为很多掉入危机都爬不起来的国家。

第一点，中国人是全世界最勤劳的民族。别看不起农民，我们每个人都是农民。中国农民有什么特点，你们知道吗？土地少，干到死，今年大丰收，

[①] 储殷. 没人比我们更能在危机下生存 [EB/OL]. (2019 - 03 - 26) [2020 - 07 - 26]. http://www.360doc.com/content/19/0326/07/7108612_824186741.shtml.

明年不干活一样饿死，所以所有中国式的小农，就是公蚁。拼命地干、拼命地干、拼命地干，我跟我的法国朋友一直讲，我说不该我们没饭吃你知道吗？真的不该。他是教授，我也是教授，他老说你们中国人这20年日子过得够好了，该你们过不好的日子了，我说你错了，我说这个世界上轮得着谁没饭吃，都轮不着这个国家人没饭吃，你知道为什么？我说你一个礼拜工作多少小时？他说我一个礼拜工作10小时，我说我从30岁到现在，没有一天干工作在10小时以内！不要鼓掌啊，我们每个中年男子脸上不都写着猝死的样子吗？这么努力的民族怎么可能被危机击垮。我一直跟他们讲，市场经济最适合中国，为什么？市场经济和平交换，靠酬劳、靠聪明，这是中国人的强项！

第二点，中国人是世界上最聪明的民族。因为小农，中国的农民地少，他没有资格过西欧农民那种自给自足不需要交换的生活，中国的农民必须做生意，他不仅要种地，还要到市场上去交换，不交换他活不下来。所以，在南方你们稍微仔细看，每4—6个自然村中一定会有个集镇，用于市场交换，这种集镇的存在就是浙商的根本。你可以发现中国农民不会写字，但是没有一个口算差。我一直跟他们讲，中国没有中等收入陷阱问题，中国怎么可能，中国多重视教育啊，中国有620万名一线的工程师，这个数量赶上了欧洲一些国家人口的总和，这种国家是不可能陷入中等收入陷阱，陷入中等收入陷阱的国家是不重视教育的国家，是不重视子女的国家，是不肯为未来投资的国家，不好意思，我们不具备这些特点！除了这两样，我们还有更好的优势，就是我们跟日本的不同，日本也很勤劳，也很重视教育，日本从1993年就不行了，人口老龄化，日本从20世纪90年代中期以后，日本的城市也老了。中国跟日本最大的不同就是中国有广阔的疆域，有太多的县城要去建设了，日本没有，中国有。

第三点，中国人是全世界唯一一个既为过去的人活着，又为将来的人活着的民族。我们这个国家真的不害怕危机。今天社会上对危机的反应真的有点情绪化了。在过去的30年，我们经历了人类历史上最伟大的经济奇迹啊，我们这个国家说实话很多地方粗糙、狂野，但是它有生命力！它为什么有生命力？因为中国人有一项世界其他国家都不具备的最伟大的性格，就是中国人从来不是为了一个人活着，从来不是为了这辈子活着，中国人是全世界唯一一个既为过去的人活着，又为将来的人活着的民族。真的，说实话真的很累的。我有两个孩子，天天想着的是，这俩公子将来啃我得把我啃成什么样？吓得不得了，但是我总是这么想，等到他们的孩子啃他们的时候，报应就来了嘛。有人觉得这不好是吗？除了中国父母有谁会为子女积累这么多的财富，你找不到任何一个民族，像我们这样感觉到自己对自己的前人有责任，感觉到自己对自己的后人有责任，活得是很累、很辛苦，但是恰恰是这样，这个民族才能够真正地得以延续！

　　说点实在话题，我在美国跟一个意大利朋友有过非常尖锐的一次争吵，他说你们中国人有病，他说你从来不度假，你不买高档皮鞋，你挣得比我多多了，你整天像个守财奴！我说你错了，你没有看我孩子进辅导班花的钱，我两年没买新衣服，但是我为我的孩子上学方便，我在小学附近租了一套房，谁说我们小气的，我们愿意把钱花在孩子身上而已。所以，我告诉意大利人，中国人在美国第一代是猪仔，第二代我们就能够开餐馆，第三代我们出工程师，第四代我们有可能出议员。你们意大利人，第一代做比萨、第二代做比萨、第三代做比萨，也有进步的，第四代时用互联网做比萨。很多的民族是活在当下的，这就是法国稍微削减一点福利，就有人要上街纵火的原因。我不认为这是民主的胜利，我认为这是最典型的民主的溃败！这个国家的福利不能继续了，每个人还宁愿让这个国家财政崩溃也要满足自己的懒惰。

　　去的国家越多，你就越会发现，中国人是非常伟大的民族，我们是唯一一个，或者说是最有决心的一个，为了未来牺牲自己的民族。真正的荣誉是什么？是泰坦尼克号上把座位让给孩子的荣耀！我们这一代人，仍然是这一代具有牺牲精神的中国人！

　　我们过得很累，我们过得很沉重，但是我告诉大家，这一切都是值得的。改革开放40年，我们站在现在回首过去，梦幻一般，这里面有多少人的牺牲，这里面有我们父母多少的积累。在今天这样一个时刻，我们可能要为我们的子女、为这个国家未来的转型，再去熬一熬，熬五年，甚至也许两到三年，有什么可抱怨的？人类在最近20年过上了一种极其肤浅的、富裕的、快乐的消费生活，这种生活最大的坏处是让人丧失了历史感，让人成了一种及时行乐的碎片，只有那些有着不间断的漫长历史的民族，只有那些牢记了自己从哪里来往哪里去的民族，才能克服这种虚无感，才能让自己不至于在人类的进化史上成为毫无意义的碎片，这个民族就是我们！

第二节　演示规范

　　演示是指教师在教学过程中运用实验操作、实物及模型观察、现代教学媒体表演等直观教学手段，充分调动学生的视觉、听觉，形成表象及联系，并指导学生进行观察、操作和思维的一类教学行为。

　　人对客观事物的感知是通过五种感官来完成的（味觉、触觉、听觉、视觉、嗅觉），信息传输理论的研究表明，每一种信息传输通道传递信息的效率是不同的。感官效率是：味觉 1.0%，触觉 1.5%，嗅觉 3.5%，听觉 11.0%，视觉 83%。通过各种感官获得信息的记忆效率是：读 10%，听讲解 20%，看 30%，听、看结合 50%，理解后的表达 70%，动手做及描述 90%。由此可见，视听的感官效率是很高的。而对记忆效率，视听结合与理解后的表达也表现出很高的效率。这说明，在演示中注意演示与讲解的结合，演示与学生的理解活动相结合，可以取得好的教学效果。

概而言之，演示能提供丰富的直观感性材料，为学生的实验操作提供示范，激发学生的学习兴趣，促进学生观察能力、实验能力和思维能力的发展，并可以从中学到科学的实验方法。

一、演示的基本类型

1. 按照应用的教学环节分类
（1）引入课题的演示。
（2）建立概念和规律的演示。
（3）验证和巩固概念与规律的演示。
（4）有关规律应用的演示。
2. 按照演示手段和方式分类
（1）实验演示。
（2）模型、实物的演示。
（3）图片、图表的演示。
（4）应用现代化教育技术手段进行的演示。

二、演示法的构成要素

1. 引入演示

在问题情境下提出需要演示的任务，使学生的注意力集中到演示上来。在演示前，需要先向学生说明需要观察什么？为什么要观察？怎样进行观察，以及观察中应该思考的问题，使学生处于乐于观察的心理状态中。这就要求教师要善于运用导入技能，使演示的引入既简明扼要，又欲擒故纵。

2. 出示媒体

首先，教师要简明扼要地向学生介绍所使用媒体的构成、功能、使用方法、观察方式等，以便为演示操作做必要的铺垫。其次，教师要注意媒体摆放的位置、高度、亮度等，确保全班同学在座位上都能观察清楚。最后，如果媒体较小，是采用巡回演示还是分组观察，教师都要事先做到心中有数并做出计划。

3. 实验操作

教师要做到操作科学规范、动作准确、操作熟练、确保成功。只有这样，才能使教师的操作起到潜移默化的作用，成为学生实验操作的榜样。

4. 引导观察

教师要根据演示的目的和核心问题，提出总的演示观察任务。在演示过程中，根据总的观察任务提出每一个演示步骤的观察任务，必要时要引导学生对某一演示现象反复观察，强化观察印象。

5. 提示点拨

无论是教师的讲解还是学生的观察，都是要对被观察现象背后的本质进行揭露。因此，在学生观察后，教师要画龙点睛地指出重点，以便使学生抓住观察的要点，达到让学生进一步理解观察的目的。

比如光的双缝干涉演示实验，以激光为光源，将单缝和双缝放在讲台上，把实验室后面的墙壁当作光屏，将房间的窗帘及门关好，营造一个暗室条件，此时干涉条纹就清楚地显示在墙壁上。由于讲台和墙壁之间有一段距离，双缝离墙壁距离较远，学生观察到的干涉条纹间距较大。此时，教师举着一块贴有半透明纸的毛玻璃板，沿着两束光的叠加区，从实验室的后面慢慢走到前面。在这一过程中，学生通过毛玻璃板可以清楚地看到干涉条纹始终存在且间距由大逐渐变小，说明两束光在空间的整个叠加区域内都发生了干涉，明暗条纹的空间分布是稳定的。进一步，教师再用喷雾器在光束的叠加区域洒雾，空气中的小水珠会对光形成散射，这时全班同学都可以观察到在整个叠加区域明暗条纹干涉图样的空间分布。这样就使学生信服地认识到，两束相干光的叠加与两列波长相同的水波的叠加是类似的，从而承认光的波动性。

6. 得出结论

在演示之后，教师还要通过提问、小组讨论、展示、总结等方式检查学生是否真正理解了所观察的现象，是否掌握了现象中所蕴含的知识。为此，教师要引导学生对演示呈现的现象或得到的实验数据做必要的记录和整理，从而通过演示初步得出结论，并与学生即将学习的知识建立联系，为进一步讲解或讨论做好准备。

比如，上述的双缝干涉演示实验，不仅激发了学生的学习兴趣，而且直观、深刻地突出了"空间"干涉。只有通过这样的实验，才能让学生认识到光的干涉不只发生在光屏处，而是在光的整个叠加区域都会发生。如此就将光的干涉由二维上升到三维，也就是由"位置"上升到了"空间"。因此，就使学生对"两波源的光在挡板后的空间互相叠加，发生干涉现象"的"空间"二字有了全新的认识，演示的评价内容与标准见表 5-1。

表5-1　演示的评价内容与标准

评价内容	评价标准				权重
	优	良	及格	不及格	
1. 演示目的明确，解决教学重点难点					0.10
2. 媒体选择恰当，有利传递教学信息					0.10
3. 演示前对图表、实验等交代清楚					0.10
4. 演示中指导学生观察，强调关键之处					0.12
5. 演示程序步骤有条不紊					0.08
6. 演示操作规范，示范性好					0.10
7. 演示、讲解结合，有启发性					0.10
8. 演示效果明显，直观性好					0.12
9. 多种媒体配合，增强效果					0.10
10. 演示物准备充分，有利观察					0.08

第三节　互动充分

《课堂教学技能评价》一书把技能分为10个技能类群，分别如下。

1. 表达热情

表达热情就是教师通过向学生抒发对本专业的热爱之情，从而激发学生的学习兴趣。可以设想一下，如果讲授过程中教师流露出对所教主题的不重视，学生又怎么会对学习内容产生兴趣？学生没有学习动机，自然没有好的学习效果。相反，教师表达出自己对主题的浓厚兴趣，比如，很有趣、很好玩、十分有用等，就会激发学生的学习动机。

2. 表达关怀

教师向学生表达关怀，不仅可以使教师变得平易近人，而且可以营造相互信任的教学氛围。关心是一种教学能力，它是教师主动寻求共鸣的有效手段。有研究表明，富于关怀的教师不仅更能理解学生，还能够发现学生的长处和潜力，学生自然如沐春风。

3. 激励学生

激励学生就是对学生好的课堂表现给予积极的评价。如果学生在某些方面表现得好，他们不仅会产生积极情绪，而且会对学习内容产生积极的评价。教师可以通过激励学生，来增强学生的学习动机。在课堂上，教师可以将复杂、困难的大任务分解成较简单、容易的小任务，让学生尝试完成，并不断实施正向激励，让学生能够感觉到自己的进步。因为，他人的正面评价可以改变自我效能感。

4. 寻求共鸣

"共鸣"是指由别人的某种情绪引起了自己的相同情绪。如果传播者与接受者有共同的经历与感受，就很容易产生知识迁移。在课堂教学中，教师可以通过举例共同经历等方式，产生师生间的共鸣，拉近师生距离，营造良好的课堂氛围，增强学生的学习动机。

5. 监控

监控就是敏锐洞察学生言行，灵活做出响应。图式理论告诉我们，不同的学生会带着不同的原始图式，对讲授内容的理解可能存在较大的偏差。因此，教师需要敏锐地洞察学生的言语和行为。随时调整自己的教学。比如，当学生的注意力不集中时，教师可以靠近这些学生加以提醒。再比如，当学生表情疑惑时，可以适当放慢讲课速度，或者以提问的方式澄清疑问。敏感的监控加上适当的反应，对于保持一个良好的课堂氛围很有益处。

6. 提问

提问是促进师生互动和生生互动的一项重要技能。好的提问能够帮助学生理解所学知识的内在联系，同时提问还可以用来检查学习效果。提问包括一些操作要素，比如，提问频率、提问后的等待时间等。有关提问频率的研究表明，教师经常提问与课程相关的问题，其教学效果优于较少提问的教师。关于等待回答的时间，有研究显示向学生提问后，那些等待大约 3 秒钟的教师与快速放弃的教师相比，更能取得良好的教学效果和学生的好评。

7. 组织活动

组织学生参与教学活动是以学生为主体的重要体现，有效的学习方法就是给学生提供不断实践的机会，让他们在具体的活动中去学习。当学生获得参与机会时，能够体验到学习的自觉性和控制感。课上组织的参与活动和课下组织的练习活动是截然不同的，课上活动需要更紧凑，要短小精悍。

8. 反馈点评

反馈点评是为学生做出有知识含量的评述，其关键点是教师提供与学生当前行为有关且能够改善以后行为的信息。学生根据反馈来改善行为，明确什么时候这样做是对的，什么时候是错的。教师通过反馈点评提供的信息，能帮助学生正确评估自己的行为和结果。

9. 幽默

幽默是指使人感到好笑、高兴、滑稽的行为和语言。教学幽默则是指用简短的语言，给出学生意料之外的信息，是利用与学生的设想产生反差而引发笑声的行为，它是一种以愉快的方式传达主题内容、揭示其内涵或内在联系、创造愉快课堂气氛的教学手段。从某种意义上讲，教学和表演有些像，但是，在使用教学幽默时，应该使幽默和讲授主题相结合，应该为了深化讲课内容而使用教学幽默，避免单纯为了搞笑而使用幽默。课堂教学幽默十分受学生喜爱，使用得当可以激发学生的学习兴趣，活跃课堂气氛，和谐师生关系。

10. 培养批判性思维

批判性思维是一种自我校准式的判断，它会产生解释、分析和评估。批判性思维的形式包括识别误导内容、质疑有争议的论据、在争论中识别假象。在教学中，教师常常利用否定方式推翻原有假设、产生是非标准、质疑社会上的某种观点、正误例子对比等方法，引导学生产生批判性思维。

第四节　迈克尔·桑德尔的教学艺术

2018年1月20日，《中共中央、国务院关于全面深化新时代教师队伍建设改革的意见》发布。该意见要求"深刻认识教师队伍建设的重要意义和总体要求""全面提高高等学校教师质量，建设一支高素质创新型的教师队伍，全面开展高等学校教师教学能力提升培训，为高等学校培养人才培育生力军"[①]。这是第一次由中共中央、国务院就我国教师队伍建设所发布的纲领性和指导性意见，意义重大，影响深远。

如何贯彻落实《中共中央、国务院关于全面深化新时代教师队伍建设改革的意见》？怎样全面提高高等学校的教师质量？这是当前乃至今后一个时期摆在我们面前的重要课题。有鉴于此，本文选择美国哈佛大学政府系讲座教授，美国人文艺术与科学学院院士迈克尔·桑德尔作为研究对象，就他所开设的"公正：该如何做是好?"公开课（以下简称"公正"），从教学设计和教学技能两个维度展开专业解读，以期为建设一支高素质创新型的教师队伍提供有益启示。

一、迈克尔·桑德尔的教学设计分析

教学设计起源于1962年格拉泽提出的教学系统，20世纪80年代引入我国。教学设计是运用系统方法分析教学问题和确定教学目标，建立解决教学

---

① 中共中央，国务院. 中共中央、国务院关于全面深化新时代教师队伍建设改革的意见［EB/OL］.（2018－01－31）［2018－05－30］. http：//www.xinhuanet.com/politics/2018－01/31/c.1122349513.htm.

问题的策略方案、试行解决方案、评价试行结果和对方案进行修改的过程。一般认为教学设计包括：学习需要分析、学习内容分析、学习者分析、学习目标阐明、教学策略制订、教学媒体选择和教学设计效果评价等①。

30 多年来，已经有超过 15000 名大学生修读"公正"这门哲学课。2007 年秋季，更是有 1115 名学生选修该课程，创下哈佛大学的历史纪录，被认为是哈佛历史上最受欢迎的课。英国《卫报》评价迈克尔·桑德尔为"世界上最受欢迎的老师"。哈佛大学与波士顿公共电视台合作将迈克尔·桑德尔的 24 节课全程录制下来，制成 12 集的视频教学片。有鉴于此，本文从教学本质、教学内容、教学方法和教学逻辑四方面分析迈克尔·桑德尔教授的教学设计。

（一）教学本质分析

迈克尔·桑德尔在"谋杀的道德侧面"中谈道："唤醒我们永不停歇的理性思考，然后看看我们最后会走向哪里。"② 指出"公正"课的教学本质是唤醒学生的推理思考能力，培养学生的批判性思维，而不是仅仅局限于伟大哲学家的思想理论学习以及阅读经典名著，如同柏拉图提到的那样："学校教育的目标，不在于知识本体的完成，而在于把握一生追求智慧的方法。"③ 因此，如何通过课程的学习养成批判性的思维，敢于打破固有观念，敢于以新的方式重新审视熟悉的事物，提升学生的自我认知，才是"公正"课程的教学本质。迈克尔·桑德尔认为，开设这门课最主要的目的就是希望为各个学科（包括哲学、法学、社会学、经济学等）的学生提供一个思考问题的方式，让学生自己运用一些基本原理、基本理论去检验公正。显然，在桑德尔教授看来，"为思维而教"才是教学的本质。

综上所述，我们不难发现，桑德尔在"公正"课中所要阐释的教学本质或教学真谛就是：教育是使人觉悟从而认知到自己作为个体的价值；教育是使人学会提问和质疑从而逐步生成批判意识；教育是使人学会观察和对话从而让自己和他人一起去揭示这个世界。概而言之，教育的最终目的是为了解放自己和他人，同时也是为了改造世界。

（二）教学内容分析

在课程性质上，"公正"课隶属于哈佛大学通识教育中的道德推理课程，相对于专业教育课程的"专"和"深"，通识课程更注重"广"和"通"④。"公正"课的教学内容之间看似没有联系，更像是每节课都抛出一个现实热点

---

①② SANDEL M. Justice: what's the right thing to do? [DB/OL]. [2018 - 5 - 30]. http://open.163.com/movie/2010/11/B/J/M6GOB7TT6_M6GOBOPBJ.html.

③ 柏拉图, 等. 教育的艺术 [M]. 曹晓红, 吴大伟, 译. 汕头: 汕头大学出版社, 2009: 2 - 3.

④ Harvard University. Guide to the core curriculum [EB/OL]. [2018 - 05 - 30]. http://isites.harvard.edu/icb/icb.do?keyword = core&pageid = icb.page43827.

话题而引发讨论，进而构成教学内容。实则每节课自始至终都环环相扣，融为一体。整个课程从谋杀的道德侧面展开，借用道德两难例子的选择，引发学生对正义的思考，从学生的讨论中引导出边沁（功利主义）、密尔（功利主义）、诺齐克（自由主义）、洛克、康德、罗尔斯、亚里士多德的理论作为课程的中心内容，最后再回到什么是正义的讨论。其教学内容以各哲学家的理论为核心，以现实热点话题为载体，以学生讨论为形式，以教师的讲授为主导，从而兼具新颖开放、贴合现实、高度融合的特点。作为教学主体的学生讨论，其灵魂式的导向来源于话题大都是具有争议性的现实问题，例如：收入再分配、平权运动、同性婚姻等；或者是道德两难的具体案例以及情境分析，例如：英国女王与达德利和斯蒂芬斯的案件。这些让学生陷入思考的话题，不仅深深震撼着学生的心灵，引发不同背景学生的共鸣，而且使学生的学习热情高涨，而哲学家的思想则以潜移默化的方式融入学生的头脑。

（三）教学方法分析

在"公正"课中，迈克尔·桑德尔所采用的教学方法为讨论式教学法。这种教学法源于古希腊哲学家苏格拉底的精神助产术，它采用双方共同探讨的对话式教学方式，学生可以在对话中提出问题，探索答案，而不是去单纯回答问题[1]。讨论式的教学方法更适合帮助学生在讨论中自我反思，打破自身的认知，不断追求认识的普遍真理。

迈克尔·桑德尔在讨论式教学中，通过提出问题，不断地呼应学生的回答，根据学生的答案再提出新的问题，从而不断引发学生的独立思考。然而，迈克尔·桑德尔并没有对学生的回答给出对或错的判定，而是以疑问的方式结束讨论，并引入了洛克关于自我支配的早期发展思想，从而为下节课的讨论设下悬念，将学生带入进一步思考的境界。迈克尔·桑德尔说："我的教学不仅仅是一个讲座，我把问题交给学生，邀请他们在课堂上积极思考、参与并为他们自己的观点辩论。这种教学方式尤其适合我的教学科目——道德和政治哲学。这门课本身就有很多争议的理论和问题，并不是每个人都会同意一种观点。批判性地表达不同的观点是学习的一部分。让我吃惊和印象深刻的是，很多学生勇敢地举起手来，提出问题，提出观点，为他们的观点辩护，即使在1000多人面前。[2]"

（四）教学逻辑分析

"公正"课以教学本质为导向，以哲学家的理论为基础，以讨论式教学为

---

[1] 吴式颖，任钟印. 外国教育思想通史：第二卷 [M]. 长沙：湖南教育出版社，2002：207.
[2] 傅吉艳，陈仕品. 哈佛大学视频公开课《公正》设计分析及其启示 [J]. 中国教育信息化，2013：18-21.

方法，结合哈佛大学通识课"广"而"通"的教学特点，形成了独具特色的教学逻辑（图5-1）。

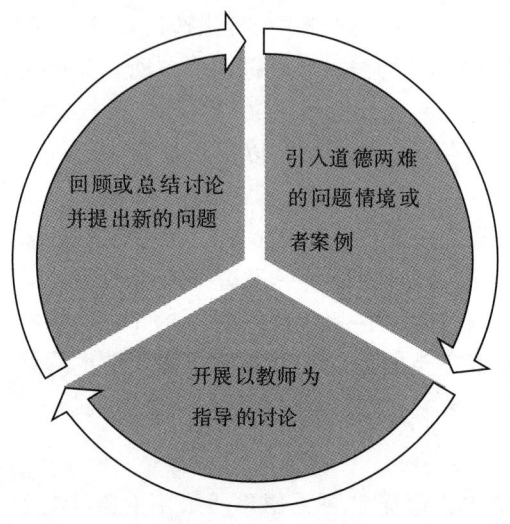

图 5-1　教学逻辑

"公正"课的教学逻辑实质上形成了以教师讲授为指导、以师生讨论为中心的双循环模式。教学过程通常分为三个阶段：①引入道德两难的问题情境或者案例；②开展以教师为指导的讨论；③总结讨论并提出新的问题。如图5-1所示，教学起始是引入道德两难问题情境或者案例，而后在前一个问题的基础上升华，再辅以教师的诘难展开讨论，最后回顾或总结并提出新的问题，这样的循环过程构成了整个教学逻辑的核心环节。以谋杀的道德侧面[①]为例，迈克尔·桑德尔在25分钟左右的教学中，设置了逐次递进的四个问题并引发了牺牲一个人挽救五个人是否合理的讨论。情境从最开始的电车事故中的司机、旁观者、急诊室医生到外科医生，在道德两难的选择面前，一开始有学生认为应当牺牲一个人，因此，牺牲五个人是不对的。讨论到最后，几乎没有人选择取出健康人的器官去救活五个需要移植器官的病人。桑德尔教授正是在提出问题引发讨论的不断循环过程中，抽丝剥茧般地逐步引发学生的思考，从而揭示"唤醒学生永不停歇的理论思考"的教学本质，并渗入了结果主义和绝对主义的理论知识。

二、迈克尔·桑德尔的教学技能分析

在"公正"课的整个授课过程中，迈克尔·桑德尔始终展现出了高水准

---

① 吴式颖，任钟印. 外国教育思想通史：第二卷[M]. 长沙：湖南教育出版社，2002：207.

的教学艺术，无论是语音、语速、语调、节奏，还是着装、表情、手势、提问，都展现出教科书般的教学技能规范。本文基于戴尔的"经验之塔"理论，从讲授技能、演示技能和互动技能三个维度，对迈克尔·桑德尔的教学技能进行评鉴。

（一）讲授技能分析

按照讲授技能的规范，其构成要素通常包括诠释定义、使用例证、进行强调等。

1. 诠释定义

诠释定义是指对概念进行具体而科学的陈述[①]。迈克尔·桑德尔在"考虑你的动机"一节中讲到，雪碧有这样一则广告："'顺从你的渴望。'当你购买雪碧或者百事可乐的时候，你可能认为自己是在自由选择雪碧或百事可乐，但实际上你是在顺从某些东西。口渴或某种被广告制造并操纵的欲望，你正在顺从某种并非由你选择或创造的刺激。"以此引入自由行动的定义。自由行动意味着自主的行动，意味着遵从我为自己设定的规则而行动，不是出于自然法则或者因果定律。从雪碧的广告词中引出康德对自由行动的定义，以生活中事例隐喻，并嵌入康德的定义，不仅生动有趣，更令人印象深刻。

2. 使用例证

例证讲解可以为学生创设一个真实、生动、完整的情境，让学生置身于情境之中，充分体验、分析、思考，从而唤醒学生更深入的思考。以达德利和斯蒂芬斯案件[②]为例，1884年，一艘远洋轮船在海上遇难，4名失事轮船船员在海上已经迷失了19天。最弱小的船员帕克因喝海水病倒。船长达德利和船员斯蒂芬斯用小刀刺杀帕克咽喉血管后，3名船员依靠帕克遗体的血液和躯体维持生命。迈克尔·桑德尔在给出案件后，引发了学生热烈的讨论，有同学提出因为环境他们不得不这样做，所以并不违法。有同学指出他们在道德上是错误的，也有人提出如果帕克同意的话，这件事就是合理的。从而把对案件的认识和思考从"同意"是否能使案件合理化的思考中，转入功利主义追求大多数人的最大利益原则的思考中。

3. 进行强调

在迈克尔·桑德尔的授课过程中，可以看到，他不时变换手势并注重语气和节奏的变化。以"给生命贴上价格的标签"为例，在对边沁的功利主义讨论中，迈克尔·桑德尔声音清晰，语言流畅并伴有手势。当安娜表述自己

[①] 北京高校青年教师教学基本功比赛评价体系与案例研究课题组. 课堂教学技能与评价[M]. 北京：高等教育出版社，2011：45.

[②] 吴式颖，任钟印. 外国教育思想通史：第二卷[M]. 长沙：湖南教育出版社，2002：207.

反对对生命进行成本效益分析时，迈克尔·桑德尔一直认真注视着安娜并不时点头回应。当桑德尔教授询问"谁能回应安娜"时，他用手指向安娜并且注视着她。当有人回答问题时，迈克尔·桑德尔立刻转向回答问题者并仔细聆听。迈克尔·桑德尔还时常聚拢手指做捏的动作，也起到了强化讲课效果的作用。合理的手势配合，不仅能够达到强调教学效果的目的，而且也能够减弱师生之间的距离感，使学生产生教师与他们分享知识的感觉。

（二）演示技能分析

如何恰如其分地利用媒介也是教师需要掌握的课堂教学技能。按照演示技能的要求，其构成要素通常包括设计演示、指引观察、启发思维等。

1. 设计演示

设计演示是指教师设计使用一些刺激物如使用实物、模型、幻灯片、视频呈现教学内容，以视觉材料的冲击力保持学生的注意力，为教学提供一个有效的切入点。以"如何衡量快乐①"为例，迈克尔·桑德尔引入了三个视频短片，第一个是一段哈姆雷特的独白，第二个是《谁敢来挑战》的节目视频，第三个是《辛普森一家》（*The Simpsons*）动画。在此基础上，让学生选出自己最感兴趣的视频。迈克尔·桑德尔通过设计演示的教学技能，成功地以三个短视频将问题聚焦在视频的价值上，从而逐步引导学生从价值上分析区分高级和低级的快乐。

2. 指引观察

指引观察是指教师根据演示的目的提出总的观察任务，以及演示步骤的观察任务，必要时引导学生对某一现象反复观察，强化观察印象。以"自由选择②"为例，迈克尔·桑德尔在讲述自由主义反对收入再分配的观点并进行讨论时，以幻灯片为媒介展示了美国的人口和财富比，10%的人口占了美国70%的财富。通过幻灯片的对比图展示，迈克尔·桑德尔使用对比色让学生抓住信息的关键点，同时聚焦了学生的注意力。当说明美国收入差距大时，迈克尔·桑德尔以比尔·盖茨为例，首先提问大家，谁是美国最富有的人？当学生回答比尔·盖茨时，他马上放映了比尔·盖茨大笑的图片，引得学生哄堂大笑。之后，他询问比尔·盖茨的净资产是多少，并以幻灯播放形式展示了比尔·盖茨的净资产。显然，比尔·盖茨大笑的图片，恰如其分地给予了学生强烈的视觉冲击，使学生在轻松愉快的氛围中展开讨论。

3. 启发思维

启发思维是指教师要向学生提出思维任务，明确演示中的思维方法，进

---

①② 吴式颖，任钟印. 外国教育思想通史（第二卷）[M]. 长沙：湖南教育出版社，2002：207.

行必要的指引。以"谎言的教训①"为例。迈克尔·桑德尔在讲述康德的道德论时，为了启发学生对"谎言与经过谨慎推敲后的误导真话在道德上是否有区别"进行思考，借用了克林顿的莱温斯基绯闻案件中弹劾听证会上双方辩论的视频。在迈克尔·桑德尔看来，克林顿的这一说法属于"误导的真话"而不是谎言，因而没有违背康德的绝对命令。尽管迈克尔·桑德尔没有把克林顿接下来的辩解说出来，但大家都知道克林顿的辩解是什么。这一辩解在全世界引起一片哗然，被笑称为"克林顿命题"。事实是，克林顿为他的不诚实付出了高昂的代价，后来他不得不向全国人民公开道歉，美国国会因他不诚实而启动了弹劾程序②。

然而，如此行为却被迈克尔·桑德尔作为遵守"不要说谎"之道德律令的一个典范，令人费解。因此，当我们研究与学习迈克尔·桑德尔的教学思想时，还需要保持独立的思考，不能把他的观点都奉为圭臬。在这个意义上，这种独立的思考也可以称为另一种"启发思维"。

（三）互动技能分析

互动教学是课堂教学技能中一个非常重要的技能，能够活跃课堂气氛，激发学生的学习兴趣，通过教师和学生、学生与学生的互动有助于学生自我认知的建构和发展，培养批判性思维。互动技能的构成要素包括激励学生、频繁提问、展现幽默等。

1. 激励学生

讨论是"公正"课的主要教学方式，在这种对话式教学方式中，迈克尔·桑德尔在课堂上非常注重对学生表达自己观点的鼓励。例如，"很好，请继续""谢谢你""好的，谢谢，还有谁""这真的很有趣，你叫什么名字"等，是迈克尔·桑德尔经常运用的互动技能。这是因为，第一，迈克尔·桑德尔注重以表扬的方式鼓励学生，在学生回答问题时，目视学生并不时点头以示重视。第二，迈克尔·桑德尔关注表达自己观点学生的名字和他们的观点，在之后的讨论中，当遇到观点相悖时，迈克尔·桑德尔会叫出他们的名字并请他们表达自己的看法。学生在课堂中深切地感受到了尊重和鼓励，这有助于学生保持学习的热情。

2. 频繁提问

课堂提问和讨论互动是迈克尔·桑德尔讲课时运用最多的教学技能，达到了炉火纯青的地步。在其他人将提问作为课堂点缀的时候，他却将提问纳

---

① 吴式颖，任钟印. 外国教育思想通史（第二卷）[M]. 长沙：湖南教育出版社，2002：207.
② 陈晓平. 如何分辨善与恶？——兼评桑德尔教授的"正义论"公开课[J]. 晋阳学刊，2015(6)：78－85.

入自己的教学技能，成为教学不可或缺的一部分。在"公正"课堂上，迈克尔·桑德尔不仅将一个又一个问题抛向学生，更不断地鼓励学生之间彼此提问。每当一个学生发表观点之后，他总是会问："谁要向他（她）提问？"或者"谁还有其他看法？"抑或"谁来回应他（她）的观点？"在他的鼓励与引导之下，"公正"课呈现给观者一个又一个热烈而有序的主题辩论会，有的主题讨论竟然有多达十名学生参与发言。在学生们的发言中，大多为提问或质疑而少有附和称是。学生质疑的对象不仅有迈克尔·桑德尔本人、发表观点的学生，甚至包括边沁、亚里士多德这样的"大家"①。

3. 展现幽默

教学幽默是指用简短的语言，给出学生意料之外的信息，是利用与学生的设想产生反差而引发笑声的行为，它是一种以愉快的方式传达主题内容、揭示内涵或内在联系、创造愉快课堂气氛的教学手段。教学幽默与其他场合的幽默有所不同，更多采用蕴含真理和发人深省的表达方式。所谓"天道恢恢，岂不大哉，谈言微中，亦可以解纷"，正说明了这个道理。在"公正"课堂上也会有个别学生"发糗"的时候，这就需要运用幽默化解尴尬。例如，在讨论"同性婚姻"主题时，女生汉娜向男生马克发出了一个单刀直入涉及个人隐私的逼问，全场顿时哄堂大笑，马克也颇为尴尬。对于这一突发状况，迈克尔·桑德尔立即幽默地为马克解围，他微笑着对马克说："你可以不回答这个问题。"当马克坚持回答时，迈克尔·桑德尔则不动声色地暗示马克不要回答。对那些大笑、鼓掌甚至吹口哨的起哄者，迈克尔·桑德尔没有半点愠色，他依然保持着微笑，巧妙地转移话题并顺势送给他们一顶"高帽"："这个学期你们都表现得非常好，我们在课堂上讨论了其他高校学生不可能讨论的话题。"对于"责任人"汉娜，迈克尔·桑德尔幽默地建议："你可以把这个观点（指汉娜向马克的提问）作为一个普遍的观点，可以把矛头指向第三人，而不要指向对方。"短短两分钟，迈克尔·桑德尔就用幽默化解了一场"意外"，彰显出教学的机智与幽默，游刃有余地把控着课堂教学的进程。

三、启示

迈克尔·桑德尔的教学艺术享誉全球的根本原因，既发端于他形而下的教学"术"与"法"，更汇聚于他形而上的教育"理"与"道"。如果说假设情境、讲述故事是较为浅显的，但情境、故事背后蕴含的寓意则是悠远高深的。它所引发的思考，正是迈克尔·桑德尔孜孜以求的教学境界——借助于

---

① 易文. 迈克尔·桑德尔的讲课艺术及对理论教学的启示 [J]. 高教论坛，2012（1）：51-53+60.

教学设计与教学技能,让学生在逻辑思维的海洋里遨游,最终抵达教育理想的真理彼岸。

为什么要展开对迈克尔·桑德尔教学艺术的研究?这是因为,我国大学教育长期存在着重视科研而轻视教学的现象,这种教育取向不仅影响了多代学子的成才与发展,也影响着教师自身的专业发展。为了从根本上扭转这种状况,我国大学教育需要借鉴他山之石,从而牢固树立"教学是大学教育第一使命"的教育观念。这既是大学教育理论发展的要求,也是大学教育实践的迫切需要[①]。

(一)树立教学学术的观念

当我们欣赏迈克尔·桑德尔的教学艺术时,还应该进行更为深入的思考,那就是,迈克尔·桑德尔的讲课固然阐明了当今社会生活中充斥着关于对与错、公正与不公正的争论,然而这些貌似毫不相干的争论,却都可以归结为对公正持有不同的观念。进一步,迈克尔·桑德尔将这些观念归纳为三种:追求福利最大化的功利主义、尊重个体权利的自由至上主义,以及提倡公民德性和共同善的政治观。他通过对一个个鲜活案例的剖析,包括代孕征兵制、同性恋婚姻、税收、大学录取标准等,引出亚里士多德、康德、罗尔斯、诺齐克等哲人的公正观,清晰而详尽地阐述了三种公正观,指出其各自的优势和潜在问题,从而促使学生独立做出自己的选择。因此,完全可以说,这样的教学早已超脱了教学的技术层面,而是上升为教学学术的境界。

20世纪90年代后,对大学教学质量的讨论引导出了革命性的破冰理论——博耶"教学的学术"理论。美国卡内基教学促进基金会前主席欧内斯特·博耶于1990年发表的《学术反思》是大学教学议题转移的主要标志。教学学术被认为是高等教育的"范式转变",它体现了一种更能反映高等教育本质的大学理想。在博耶报告之后,众多学者从不同角度发展了"教学的学术"的内涵和外延。可以从以下四方面加以理解。第一,教学学术是一种学识和知识,同任何学识和知识那样,它可以成为教师拥有和促进教学有效的个体资源;第二,教学学术是一种特殊的学识和知识,是与教学相关的,被称为教之术与学之术;第三,教学学术来自教师的教学实践,是对教学实践的经验总结和理论升华;第四,教学学术表现在教师教学的全过程中,并产生可以证实和被同行评论的重要影响和结果[②]。

教学学术真正实现的场所是在大学课堂之上,需要借助教师的教学才能张扬。这除要求教师对自己所授学科有深厚感情和深入了解,还须依据本学

[①] 邢红军,张国固,陈清梅.教学:大学教育的第一使命[J].大学教育科学,2013(3):41-46.
[②] 候定凯.博耶报告20年:教学学术的制度化进程[J].复旦教育论坛,2010(6):31-37.

科知识的特征，设计出引人入胜的教学方案，才能如迈克尔·桑德尔一般，在举手投足间展现讲授的抑扬顿挫，在一颦一笑中诠释教学的无穷魅力。如此，方能于无声处熏染大学生那虽幼稚而又敏锐的心灵，并可在不知不觉间焕发出学术修炼养就的奇光异彩，终使教学对学生的影响超出单纯的知识而兼具精神的力量。显而易见，迈克尔·桑德尔的教学就是教学学术的典范，这正是我们需要在大学课堂教学中深思的问题。

（二）提升教学设计的水平

桑德尔享誉全球的教学艺术固然与他渊博的学识、雄辩的口才和非凡的智慧有关，但"公正"课构思缜密、丝丝入扣的教学设计也有着举足轻重的作用。迈克尔·桑德尔的教学设计大体上按以下模式展开：讲故事（真、假皆有）——提问（互动、辩论）——理论（尤其是哲学理论：大师观点、著作）——思考（认同、反对、创新）①。

运用这个模式并取得良好的教学效果并非易事。首先，要选好故事。迈克尔·桑德尔设计和描述的问题情景并不单纯是为了活跃课堂气氛，吸引学生的注意力，为讨论而讨论。恰恰相反，他对每一个问题情景的引用都饱含深意和"预谋"设计，都是为了引出对现实和哲学问题的关注和思考，都是为了培养学生的人文关怀和担当意识，激发他们研读哲学经典的热情和关注人生根本问题的兴趣。在迈克尔·桑德尔的公开课中，讨论的话题涉及生与死、何为快乐、言论自由、何为平等、同性婚姻、道德准则、公平的起点、生命的价值等一系列当下社会的重要问题。这些问题是同哲学家的思考联系在一起的。迈克尔·桑德尔正是通过这些问题引导学生阅读亚里士多德、康德、洛克、密尔等人的经典名著，让他们在这些基本问题上同哲学家进行对话，从而提升学生的哲学素养。

其次，要针对讨论中的问题和疑惑进行理论的剖析。在表达上既要深入浅出，又要鞭辟入里。既要教给学生理论，又要教给学生分析问题的方法。要做到这一点，就对教师的理论素养提出了很高的要求，同时也是对教师运用理论解决实际问题能力的检验，然而最终体现的，还是教师的人格魅力、学识水准，以及对教育终极意义的诠释。当迈克尔·桑德尔完成"公正：该如何做是好？"网络课最后的总结性阐述，向学生微笑着挥手致意时，1000多名学生不约而同地全体起立，向他报以长时间的热烈鼓掌。此时此刻，对迈克尔·桑德尔的尊敬、热爱与感谢，都清清楚楚地写在每一个人的脸上。

---

① 易文.迈克尔·桑德尔的讲课艺术及对理论教学的启示 [J].高教论坛，2012（1）：51 - 53 + 60.

(三) 训练教学技能的生成

众所周知,许多传统行当都有自己的基本规范。比如,相声演员讲究"说学逗唱",戏曲演员讲究"唱念做打",中医看病讲究"望闻问切",中药配伍讲究"君臣佐使"。教学的"说学逗唱"是什么？遗憾的是,我们的教学至今没有形成规范。有鉴于此,笔者提出,教师讲课要讲究——"讲解做写"。讲——语言技能,讲授技能；解——解惑技能,思维技能；做——演示技能,操作技能；写——写作技能,板书技能。我们的观点是：教学是大学教师的安身立命之本,教学是一项专业的技能,不是业余的技能。因此,教学技能必须进行规范的训练[①]。

放眼全球,既有哈佛大学迈克尔·桑德尔享誉全球的教学艺术,又有已故上海交通大学晏才宏讲师名满全国的教学坚守。他们对大学教学的孜孜追求,是激励我们每一个大学老师热爱教学的源泉与动力。对他们炉火纯青的教学艺术,我们每一个人都应具有"虽不能至,但心向往之"的虔诚态度。

2005年,上海交通大学的晏才宏老师因肺癌去世,终年57岁。犹可感慨又令人无法释怀的是,这样一位身后被千人怀念、颂扬的老师,至死还只是一位讲师。学生在校园BBS上发表的悼文中说："他的课充满了激情,从头到尾都扣人心弦,简直像一部精彩的电影""书本上那些枯燥的字句,到他嘴里就像活了一样,那些原本晦涩难懂的公式、定理,经过他的讲解,就变得非常简单明白""理论讲述深入浅出,分析解题信手拈来,备课讲义自成体系,真是'魔电啊魔电'。"在所有追思晏才宏老师的文字中,下面的一句感人最深："不知道天堂里是不是也会有人学习电路呢？如果有,他们真的很幸运。"如果不是痛入肺腑,是写不出来这样充满诗意的凄美文字的。晏才宏老师是中国高等学校教学领域的丰碑。他具有独特而鲜明的品格,那就是对大学教学的热爱与精通。他也具有令人惋惜而骄傲的命运,那就是早逝于他无限留恋的教学岗位上,并在身后为学生所颂扬[②]。

教学是大学教师最古老的角色任务,也是教师职业的本质所在。自洪堡"教学与科研相统一"原则提出以来,大学的科研及社会服务功能受到持续追捧,致使教学功能逐渐受到排挤,甚至面临边缘化的危险。古人云："以铜为镜可以正衣冠,以史为镜可以知兴替,以人为镜可以明得失。"因此,当我们欣赏桑德尔的教学艺术时,切不可忘记,我们也有着比肩桑德尔的晏才宏老师。事实上,只有在我国本土涌现出千千万万个晏才宏,并将教学视为我们

[①] 邢红军. 大学教学技能精进教程 [M]. 北京：清华大学出版社,2017：32.
[②] 李柯勇,刘丹. 千篇网文悼讲师之死 高校重研轻教趋势引关注 [EB/OL]. (2005 - 04 - 05) [2020 - 04 - 30]. https://learning.sohu.com/20050405/n225022526.shtml.

的安身立命之本，才能真正将《中共中央、国务院关于全面深化新时代教师队伍建设改革的意见》落到实处。

四、阅读材料：桑德尔的公开课《谋杀的道德侧面》

桑：这是一门关于什么是公正的课程。我们先讲一个故事：设想你是一位电车司机，你的电车正以每小时96.5千米行驶，你发现，在车轨的尽头有5位工人在那里干活，你想尽办法刹车，但已经停不住了，你的手刹不灵了。你感到十分绝望，因为你知道，如果撞向这5位工人，他们必死无疑。你很快会知道，你不知道该怎么办好，直到你发现，在电轨的尽头，刚好有一条分叉，而在那条分叉路上，只有1位工人。你的方向盘还没有失灵，所以你可以选择把电车拐向那条分叉路，撞向1位工人，但救活了另外5位，现在我要问第一个问题：什么是公正的？你会怎么做？让我们来做一次投票，多少人会选择拐向那条分叉路，举起你的手。有多少人选择一直往前开的？极少人会。绝大部分选择了变方向。让我们先听听。现在我们需要研究你这样做的原因。让我们先听听占多数人的意见。有谁选择转向一边叉道的。为什么你会这么做？你的原因是什么？谁愿意说说你的想法？

学生1：如果你可以只撞死一人，那么撞死五人肯定是不对的。

桑：如果你可以只撞死1人，那么撞死5人肯定是不对的，这是一个很好的理由（重复两遍）。还有谁？是否有人同意这个想法，原因是什么？

学生2：我认为这和"9·11"事件是同样的道理，我们把那些将飞机撞向宾夕法尼亚州空地的人，视作英雄，因为他们选择了牺牲飞机上的人，而不是撞向有人的大厦。

桑：因此，原则是相同的，虽然都是发生在悲剧的情况下，为了5个人能活下来，牺牲1个人，也是值得的，占多数人的你们，也是这样想的吗？（举手，目视学生）。现在让我们听听，那些少数分子的意见。

学生3：我认为这跟种族灭族主义、极权主义是同一个手法，为了救活一个种族，你就能杀害其他人。

桑：（手指着这位学生）那么，在这种情况下你会怎么办？为了避免做出像种族灭族一样的做法，你就宁愿撞向那5个人。

学生3：理论上是这样。

桑：好的，还有谁？这是一个大胆的想法，谢谢您！让我们考虑另外一种情况，看看你们这些占多数的，为什么在这种情况下，你的原则是牺牲一个人来救活五个人。现在，你不是电车司机，你只是一个旁观者，你站在桥上，俯瞰电车的电轨，沿着这个轨道，在尽头有5名工人，电车的手刹照样不灵了，电车快要撞向那5名工人。现在你不是司机，你真的感到无助。突然，你看见，站在你旁边，桥上还是一个非常胖的人，你可以推他一把（推的动作），他会掉到轨道上，刚好能停住那辆电车，他会死去，但他能救活其他 5 个人。现在，有多少人会推那个胖子。举起你的手，有多少人不会这么做。大部分人都不会。问题显而易见。你每次的选择，原则是什么？牺牲一个，救活更多人。在第一种情况几乎每个人都赞同，原因何在？我要听听，在两种情况下都是站在大多数的人一边的人，你如何解释二者之间的区别。

学生 4：在第二种情况下，我认为涉及选择的问题，那个胖子原本不牵涉到这宗事故里，我觉得，第二种情况比第一种情况，那个胖子可以选择置身其外。但在第一种情况里，司机，两边的工人已经牵涉其中。

桑：但是，那个在叉道上的家伙，他不会比那个胖子，更想牺牲自己吧。

学生 4：那是对的，但是他在叉道上。

桑：胖子也在桥上啊。继续，也可以待会儿再说。好的，这是个难题。你已经做得很好了。还有谁可以找到能调和前后两种不同做法的？

学生 5：我想在第一种情况，我们必须在牺牲那 1 个工人或者另外 5 个之间做选择，我们必须做出选择。那些工人是死于那辆电车，而不是你的直接行为，电车失控了，你不得不做一个瞬间的抉择，而推胖子的话，是你自愿的选择。你有能力选择推还是不推，但你没办法控制电车不撞向大家。所以我认为两者略有不同。

桑：好的，谁想回应他的想法，这很好。谁想回应？是否有更好的解释。

学生 6：我不认为这是一个好的理由，因为，在这两种情况下，你都是选择杀人。因为前者你选择拐向那个叉道的工人，这是你有意识的行为；后者，你推胖子也是一种有意的行为。所以，不管怎样，都是有意的行为。

桑：你想回应？

学生 5：我不是肯定，事实就是这样。这看来是不同的。推胖子到电轨上，他会死，你是在杀死他。这有区别与把电车转向，然后再撞死其他人，这听起来好像不对，是吧。

桑：这很好，你叫什么名字？

学生 5：安德鲁。

桑：让我问你一个问题，安德鲁。假设在桥上，我不用推那个胖子，假设他是站在了一个陷阱上，我可以像转方向盘那样打开那个陷阱。

学生 5：不知道为什么，这样做似乎很不对。我的意思是，也许你不小心推动了那个陷阱的方向盘，或者是其他原因，就发生了，又或者，电车阴差阳错地就拐向那条叉道了，我可能就认同了。

桑：好的，在第一种情况是正确的做法，在第二种情况就变成不对的了。

学生 5：而且，在第一种情况下，你直接牵涉到事故，在第二个，你也是一个旁观者。所以你可以有选择卷入或不去推胖子。

桑：让我们暂时搁下这个故事，想象另一种情景。这时候，你是急诊室的医生，6位患者来找你，他们刚刚经历了一场电车交通事故，其中5人中度受伤，一人重伤，你可以花一整天来照顾那位重伤患者，但这样的话，其他5个人会死去。或者你可以先照顾好那5位，再来看那位重伤患者，但那位重伤患者也会死去。现在你是医生，有多少人选择先救那5个患者，又有多少人选择先救那位重伤者。极少数人，只有极少数人。我假设你们的原因跟之前的一样，1条生命对5条。现在考虑一种情况。这一次你是外科医生，你有5名患者，每一个迫切需要器官移植，其中一个需要心脏，一个需要肺，一个要肾脏，另一个要肝脏，第五个人要胰腺，但现在没有可移植的器官。你即将看着他们死去。你突然发现，在你的隔壁病房，有一个健康的家伙，来检查身体，他正在打瞌睡，你可以很安静地走进去，把那个家伙的5个器官取出来，当然，他会死去，但是你可以救活另外那5位患者，你们有多少人愿意这样做。还有其他人吗？把你的手举高。还有没有人，包括在二楼的。有多少人不会这样做？好的，你是怎么想的，刚才那位在二楼的同学。

学生7：我其实是想看看有没有其他可能的替代做法。先把那5个人中最先会死去的人，把他的器官捐出来，这样，他健康的器官可以救活其他4位。

桑：这是一个不错的主意。可惜，您避开了我们要讨论的哲学观点。让我们回过头来看这些故事，这些争论。要注意以下几点，注意我们的争论是围绕哪几点展开的。我们的讨论已经涉及了一些道德的原则，让我们回顾一下，有哪些道德原则。第一道德原则是，正确的做法，符合道德的事，取决于我们行为的后果，如果在最后，能救活5个，哪怕牺牲1个人也是值得的。这是关注以结果为中心的一派，一个很好的例子。结果主义的道德推理取决于道德行为的后果，它取决于我们最后的结果。但接着，我们考虑了另外一种情况，在这种情况，人们对结果主义的道德推理原则就不那么坚定了。我们在犹豫，例如对于那个站在桥上的胖子，或者是去摘掉那位无辜患者的器官。人们在思考什么是应该做的时候，会考虑到那个行为本身，而不只是行为的后果。人们改变了愿意，人们觉得这样做本身是不对的，行为本身是错误的。即使是为了拯救更多的生命，杀害无辜的人是不对的。人们认为，在第二种情况下是不对的。这是另外一种道德推理的原则，绝对主义的道德推理认为，道德有其绝对的道德原则，有明确的职责、明确的权利，不论后果怎样，我们会在今天和未来几周来讨论，讨论结果主义和绝对主义的异同。结果主义道德推理最有名的一个例子是功利主义，由边沁提出，他是18世纪英国的一位政治哲学家。而最重要的一位绝对主义的哲学家，是18世纪德国哲学家康德。因此，我们来看看这两个不同的道德推理模式，评价它们，也考虑其他代替的理论。从教学大纲，你会发现我们将会读一些非常著名的书，亚里士多德、洛克、康德、密尔等人。从教学大纲中，你会看到，我们不只是读这些书，我们还讨论当代的政治和法律争议，讨论他们背后的哲学问题。我们将辩论何为平等和不平等，平权行动，言论自由，攻击性言论，同性婚姻，征兵，一系列实际问题。为什么？因为我们不仅要真实地感受这样抽象、遥远的书籍，还要认真地讨论我们日常生活中一些议题，包括我们的政治生活，所以我们读这些书，我们将讨论这些问题。我们将看到，它们之间的联系，这听起来很吸引人。但在这里，我要提醒大家，我的提醒是，阅读这些书，作为认识自我的一种训练，阅读这些书会有风险，个人的、政治上的风险，每一个学政治哲学的学生都知道的风险，这些风险的根源于一个事实，哲学会教化我们，扰动让我们面对在我们已经知道我们。有一个讽刺的说法，学习本课程的困难之处，事实上，包括它教的东西，我们已经了解的，它会把我们都熟视无睹的情景，使其不再熟悉，刚才我列举的案例就是例子。我们一开始假定的情景，融合了趣味性和严肃性，它也是这些书籍里，哲学让我们对熟悉的事物变得陌生。它并不是提供新的信息而是引导着我们用新的方式看这些事物，但风险就在这，一旦熟悉变得陌生，它就会永远和以前不一样了。自我认识，就像一个迷了路的人，不管你觉得它多么地扰动你，你就不能不想起和思考这些问题了。是什么让这个探索的过程，显得既困难，但又有趣呢？因为，道德和政治哲学就像一个故事，你不知道故事将怎么发展下去，但你却知道，这是关于您的故事。这些是个人的风险，那么政治的风险在哪呢？我或许可以这样描述这门课程，它向你承诺。通过阅读这些书籍和讨论这些问题，你将会成为一位更负责任的公民，你会重新审视那些，你过去的观念和公共政策，你会训练你的政治判断力，你会更有效地参与公共事务，但这会是一个片面的、误导人的承诺，大部分政治哲学并不是那样的，学习政治哲学，你将有可能成为一位更坏的公民而不是一个更好，或者，至少在你成为一个好公民之前，让你变成坏公民，那是因为哲学是一个遥远的事情，甚至是件破坏性的活动，这可以追溯到苏格拉底。苏格拉底和他的一个朋友，曾有过这样一个美妙的对话，试图说服苏格拉底放弃哲学，告诉苏格拉底，哲学是一个很好的玩偶，如果你只是适度地沉溺其中，并在生命里合适的时候，但如果过度追求，它绝对会伤害你，听我的劝告放弃学说，放弃你的争论。学习那些将会让你有成就的事情。不要去研究那些，尽说些貌似优美但模棱两可的事情的人们，去研究那些生活过得很好，有名气的人们，朋友是真心对苏格拉底这样说的。放弃哲学，去寻找那些真实可见的，或者进商学院。有一个点确实说得很对，哲学确实会让我们疏远我们过去的惯例习俗，预定的假设，固有的观念，这些都是风险，个人上和政治上的，而在面对这些风险，我们有一个特别的回避方式，回避方式叫怀疑主义。怀疑主义是这样的，我们不会彻底地去解决问题，无论是我们一开始讨论过的个案或原则，如果亚里士多德、洛克、康德和密尔，经过这些年都没有解决这些问题，你觉得我们是谁，我们坐在这个桑德斯剧院里经过一个学期就能解决这些问题？或许，我们只要每个人还是坚持自己的原则，也不会对别人的原则有什么好说的，不去进行推理、思考，这是在逃避，这是怀疑主义的逃避。对你们在座的各位，我提出以下答复，这些问题确实是已经被辩论过很长时间了，事实上，这些问题和讨论还在重复着，这可能意味着，在某种意义上，他们不可能；在另一种情况下，他们确实是不可避免的，无法避开它们的原因在于，我们就生活在这些问题的答案中，因此，怀疑主义只是让你放手，放弃思考道德问题并不是问题的答案，康德曾很好地形容过怀疑主义。他写道，怀疑主义是人类推理的安息之地，它只是让我们在一些教条之间徘徊，它不是我们最好的安身之处。怀疑主义只是简单地默许，它不足以经受住"鲁莽"的推理，我试图提出这些故事，这些论点，可能会是一种风险，最后，我来总结一下，本课程的目的是唤醒我们鲁莽的推理，然后看看我们最后会走到哪里。谢谢！

　　课堂互动是桑德尔公开课的显著特色。有学者对桑德尔24讲公开课提问情况作了详细统计："桑德尔在24次讲座中，共提问了93人，平均每次讲座提问3.88人。最多的是在第17讲《讨论反歧视行动》讨论中，有9个学生发言。最少的是只让一个人回答问题，共有4次。学生名字出现最多的是汉娜，18次。在各节课中出现最多的是帕特里克，先后在第10、第12、第22和第24讲中出现，共17次。"还有学者以"功利主义哲学"一课为例对桑德尔每课时中时间的分配作了统计，指出在桑德尔25分钟的课时中，课堂讨论时间加上总结学生观点的时间占了课堂时间的绝大部分。由此，课堂讨论在桑德尔公开课中的重要性可见一斑。桑德尔公开课是在哈佛大学的"地标"纪念大讲堂的桑德斯剧场中进行的，有千余名学生听课。课堂教学安排如果不合理，教学内容如果缺乏吸引力，教师组织能力和驾驭课堂能力如果不强，一方面很容易出现国内通识课大班教学中"你唱你的调，我吹我的号"的尴尬局面，课堂秩序和教学效果很难得到保证；另一方面，人多想法多，如果不加以有效引导，很难保证讨论不偏离主题。特别是青年学子思想活跃，想象丰富，由一个问题跳到另一个问题的情况很容易发生。但是，桑德尔在千余人的大讲堂上，课堂讨论既开展得井然有序，也紧紧围绕主题进行，没有出现国内高校通识课上常见的那种尴尬局面。这样理想的教学效果，还归因于桑德尔组织课堂讨论驾轻就熟的能力。

　　"一枝独秀不是春，百花齐放春满园"。桑德尔从来不"唱独角戏"，他在课堂上极力鼓励学生发言，善于通过组织学生相互质疑和反驳来集中他们的注意力，调动学生思考的积极性和主动性，从而推动课堂讨论的有效开展。在公开课上，我们常常能听到桑德尔提出"对这个问题谁有什么观点和看法""谁不同意这位同学的观点""谁对他（她）的观点想提出质疑"等类似的引导话语。这一方面不断向学生提出挑战，将课堂变成了学生的"表演"舞台，另一方面有效避免了学生的审美疲劳。审美疲劳是每个人正常的心理现象，即使像桑德尔这样的哲学和演讲大师，如果他一直"唱独角戏"，几节课后对学生的吸引力也会减弱。桑德尔对问题教学法的妙用是：问题的发起者不是自己一人，而是把权力交给学生，让学生不但审视和质疑老师的观点，而且相互之间质疑和辩论。这样，课堂的主体就不单是桑德尔一人，还包括了千百名学生。课堂上"表演"的主角不是单一的面孔，而是不同的主角"登台亮相"。每个学生既是"观众"，也是"演员"，从而保持了课堂内容的新鲜度，引发了学生的兴趣。由于每个学生的观点都获得了尊重，学生的表现欲和自信心便大为增强，参与讨论的热情和积极性便被彻底地调动起来了。

但是，桑德尔并不是任由学生七嘴八舌地讨论而袖手旁观。他就像苏格拉底一样扮演着"助产婆"的角色，适时对学生的观点进行追问，使学生模糊的想法变得清晰，混乱的思路变得有条理，偏离的想法回归主题，肤浅的观点不断深入。同时，当学生发言的用语和语气不恰当时，桑德尔及时以"请用第三人称""不要以质问的形式表达"等话语进行提醒。当学生一时难以回应对方的提问和观点时，桑德尔便以"你可以不回答"等话语来化解学生的尴尬。当学生表达啰唆时，桑德尔便提醒他（她）"尽量简洁"等。这些恰当的追问和及时的提醒不但有效地维护了课堂的讨论秩序，而且把学生的观点集中在讨论主题并不断引向深入。

桑德尔公开课问题教学法成功实施的原因还在于他对课堂时间的合理安排。"公正：该如何是好？"每一讲55分钟，学生在这么长时间内注意力始终集中而不分散是很难的。桑德尔将每一讲分为上下两节课，每节课控制在25分钟左右，并让学生发言的时间占据课堂的大部分，从而使学生上课时能保持精力充沛和注意力集中，为取得良好的教学效果提供了可靠保障。

第六章 大学教学设计案例分析

[本章导读]

　　本章的案例选自《课堂教学技能评价》一书第六章《教学技能评价》中的典型课堂案例，结合笔者构建的"立德树人＋教学设计＋教学技能"三维大学课堂教学评价模型，分别从教学目标、教学方法、教学手段、教学本质、教学逻辑、教学创新六个维度对本章的两个案例评价进行再评价，使读者能够把握大学课堂教学设计的真谛。

第一节　"伯努利方程"教学设计评价的再评价

　　姚宇峰希望通过她的授课能够培养学生三方面的能力：①知识层面，掌握流体动力学的一些基本概念，包括流线、流管、理想流体、定常流动、连续性原理及伯努利方程，并能用理想流体做定常流动时所遵循的原理解释生产、生活中的现象。②能力层面，培养学生将实际问题加以抽象，建立理想化模型的能力；学习运用物理思维，对模型进行分析，并能与实际问题联系的能力；培养学生使用能量守恒思想的意识。③认知层面，通过本节课的学习，建立流体动力学基础知识与高中阶段学习过的流体静力学基础知识的关联，重点是分析两者之间的区别，在头脑中形成对流体力学框架的初步认识。

　　（本教学设计的教学目标从知识、能力和认知三个层面展开，在注重讲授知识的同时，也特别强调了抽象能力、建模能力、守恒思想，以及理论联系实际的能力。该教学设计教学目标中包括了知识、能力与思维，显然，与本书提出的"知识与方法、思维与技能、思想与观念、科学精神与人文精神"还有不少差距。笔者认为，该教学设计在教学目标的设置上是存在问题的。这是因为，能力目标与认知目标在一定程度上是重叠的，能力的核心就是思维，而思维与认知人们常常认为是同一个概念的两个不同说法。在这个意义上，该教学设计实际上是两个教学目标，缺少了科学精神与人文精神的教学目标。可能存在的问题是：教师对知识与方法、思维与技能、思想与观念、科学精神与人文精神的关系不太清楚）

开始上课了，她先向大家问好，进行了简单的自我介绍，告诉大家她今天要讲的内容是伯努利方程及其应用，然后开始正式上课。

"同学们，大家好，现在我们开始上课。"她先对以前的知识进行了复习："上节课我们学习了流体力学当中的一些基本概念，大家简单地回忆一下。"

下面边回忆知识点，边板书一系列的关键点（感官性聚焦：板书关键要点："曾经学习过什么叫流线，（转身在白板上写下'流线'）什么叫流管，（转身在白板上写下'流管'）怎样的流体我们称之为理想流体，（继续板书'理想流体'）什么样的流动我们叫它为定常流动，（继续板书'定常流动'，然后继续回忆知识）并且从质量守恒的角度出发，得出了理想流体遵循的一个非常重要的原理。是什么呢？大家回忆一下……"板书这个公式。

板书完公式后，她介绍了本节课的主题，（指明要点：介绍后面的内容）"今天我们将换个角度来思考问题。从能量的角度来探询一下：理想流体做定常流动的时候会遵循什么样的规律？在进行新课之前，先来（看）一段精彩的视频。"

姚老师开始播放演示文稿软件（PPT）中的视频。"画面上出现的这名球星我想大家一定都认识，他是谁呢？"有同学回答："贝克汉姆。"她重复道："贝克汉姆。对，是贝克汉姆。"（图 6-1）

图 6-1 感官性聚焦：视频截图

视频在继续播放。"但是，在我们今天的课程里面，所关注的焦点可不是贝克汉姆，要关注他脚下的足球，看一看他踢出的足球在空中的运行轨迹。因此，在接下来的时间中，希望大家能够把注意力集中到足球的运动上。"

(本节课以贝克汉姆脚下的足球视频引入,为学生创设了一个真实而又富有吸引力的情境,引导学生带着好奇与问题进入新课的学习,具有一定的教学创新性。同时,这一做法也符合概念与规律的教学要求之第一条:创设问题情境。教学设计的这个环节是正确的)

接着播放了另一段视频,这段的视频主要关注点在足球的运行轨迹上。她继续介绍道:"我们可以看到贝克汉姆用他的右脚触及了足球的中下部,以恰当的力度将球以旋转的姿态踢出,(用手指着PPT的方向)面对对方的球员构成的坚实人墙,贝克汉姆踢出的球好像被赋予了神奇的魔力,绕过人墙在空中划过了一道完美的弧线。由于球体在前进的过程当中,伴随着自身的旋转,因此落点无法准确地判断,常使对方门将猝不及防,这道弯弯的弧线也被人称为'贝氏弧线'。"

(教学手段是课堂教学中传递教学信息的重要媒介,该教师在授课时通过板书,以及PPT演示、视频演示等现代化教学手段,将物理知识生动形象地呈现给学生,能够在一定程度上帮助学生对知识的理解与把握。本节课教学设计的教学手段要素的展现是正确的)

通过"贝氏弧线"引出物理学上的问题:"现在我们来思考一个问题,就是:是谁帮助贝克汉姆成就了这完美的一球?如果我说幕后的英雄就是流动的空气介质,一定会引发大家的质疑。那就随着今天的课程一步步地探询答案吧。"

下面开始讲解抽象的物理概念:"既然足球是在空气中运动的,那么就将流动的空气介质作为我们的研究对象。在做定常流动的理想流体当中,选择一根细的流管。"PPT中出现了一幅流管的示意图,开始揭示流体运动的原理(揭示实质:使用原理示意图6-2)。

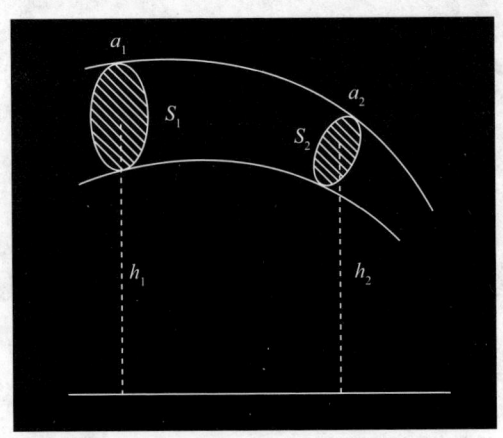

图6-2 揭示实质:使用原理示意图

这时，她用教鞭指示着 PPT 中的示意图开始分析（感官性聚焦：指示黑板或 PPT）："在细流管中截取一小段作为我们的研究对象，左端面积为 S_1，高度为 h_1，流体流出截面的速度为 v_1，初始位置为 a_1，右端面积为 S_2，高度为 h_2，流体流出截面的速度为 v_2，初始位置为 a_2，理想流体从左向右做定常流动。"在分析流体流动前，先对理想流体的初始条件进行一一设定。

流体开始流动后，各项参数发生了变化："经过时间 T 之后，两截面的位置发生了改变，S_1 由 a_1 变到了 b_1，S_2 由 a_2 变到了 b_2。"接着对这一变化将会产生的结果进行了说明："在这样一个变换过程当中，我们发现，流体质元的位置发生了变化，同时流体流动的速度也发生了变化。这就会使我们所研究的这一部分流体，它总体的机械能必然产生一个变化量，这个变化量是多少呢？"

她假设同学可能提出的想法，用这些想法来寻求问题的解决方法："很多同学可能会想：这还不简单吗？我们将末状态中所有流体质元的动能和重力势能相加，再将初状态中所有流体质元的动能和重力势能相加，两者求差就可以了。想法是不错的。但是未免有一些复杂。"

她肯定了学生的想法，同时也批判了这种方法的弊端（培养批判性思维：指出弊端），然后探求更为简单的方法："我们可以仔细地分析一下，无论是对于初状态也好，还是对于末状态也好，我们发现所研究的机械能的和都可以表示两部分能量之和，大家来看。"

放下教鞭，转身走到白板前，开始推导公式（感官性聚焦：板书配合知识介绍，图 6-3）："我们首先来分析一下，初状态。初状态的机械能可以表示为 a_1b_1 段流体的机械能再加上 b_1a_2 段流体的机械能。"

图 6-3　感官性聚焦：板书演算推导

她停顿了一下，开始分析末状态："而对末状态我们可以做类似的分析。它总体的机械能可以表示为 b_1a_2 段流体的机械能再加上 a_2b_2 段流体的机械能。"板书末状态的能量守恒公式。

"现在我们求初状态和末状态它的机械能改变量的时候，（继续板书公式）这个 ΔE，由上面的两个等式就可以直接得到结果，$E_{a_2b_2}$ 减去 $E_{a_1b_1}$。"

板书完公式后，假设学生的疑问，并继续对这段流体进行分析："当我把这个等式写出来的时候，很多同学的头脑中肯定会出现一个问号。（在白板的公式后面画了一个问号）问号在哪儿呢？"这时，她又通过对所推导的公式中项的意义的分析抛出了一个新的问题："因为我们发现初状态和末状态流体发生了移动，虽然在初状态和末状态的能量表达形式中都含有 b_1a_2 段流体质元所包含的能量，但是流体质元发生了变化，它们的能量会相同吗？"

为了回答上面的问题，她带领大家从初始条件上入手："现在大家思考，我们现在讲的是理想流体的什么流动？"有同学回答："定常流动。"她重复道："定常流动。"

"对，定常流动最大的特点是什么？"停顿并注视着学生，但没人给出回答，于是她放慢语速指明要点："流速不随时间发生改变，"然后换了另一个角度解释，"也就是说明，不管是什么样的流体质元，只要它流经了空间当中相同的点，它所具有的能量就一定是相同的，因此这个问号在大家的头脑当中可以打消了。"用手将刚才的问号擦去。

"我们得到了一个机械能改变的正确表达形式。"下面又从初始条件开始分析："现在来看一下已知条件，"走到屏幕跟前，拿起教鞭指示屏幕上的关键点，"a_1b_1 的长度我们用 Δl_1 来表示，a_2b_2 的长度我们用 Δl_2 来表示．因为研究的是理想流体，理想流体的密度是一个常量，所以就会得出 a_1b_1 段流体的体积，与 a_2b_2 段流体的体积必然是相同的。"

此时又引用刚才分析得出的结论："根据刚才的分析，我们知道，想要知道这部分流体机械能的改变量，只需要了解 a_1b_1 段的流体当它移动到 a_2b_2 时产生的机械能的变化量就可以了。"

引用完前面的结论，继续根据流体示意图口述公式的推导过程："根据我们刚才的分析知道，a_1b_1 的体积可以用 $S_1\Delta l_1$ 来表示，它等于 a_2b_2 段流体的体积，即 $S_2\Delta l_2$。现在用 ΔV 来表示这两部分相同的体积。下面我们就将注意的焦点转移到 a_1b_1 段的流体流动到 a_2b_2 时产生的机械能的变化情况。"翻PPT页，下面开始从能量角度分析（图6-4）。

她先对流体的动能进行了分析："我们首先来看一下机械能当中的动能变化情况。"向屏幕方向靠近了几步，用教鞭指着PPT说："ΔE_k 等于 $\frac{1}{2}mv_2^2$ 减

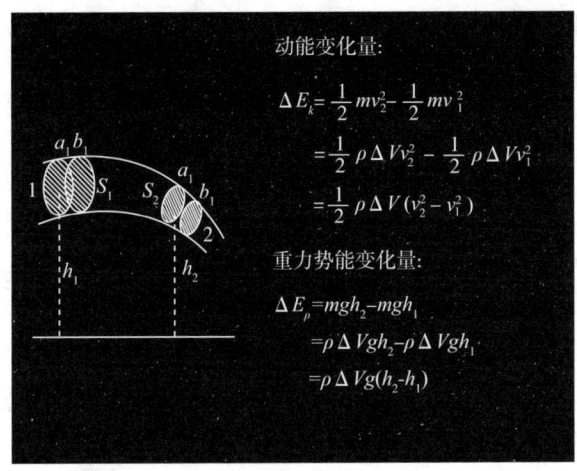

图 6-4　PPT 中的公式推导

去 $\frac{1}{2}mv_1^2$。"

用教鞭指示着 PPT 继续讲："在这里，我们将质量用密度和体积的乘积表示，再将相同的项提到括号的外面，可以得到，$\Delta E_k = \frac{1}{2}\rho\Delta V(v_2^2 - v_1^2)$。"到这里动能的部分就分析完了。

下面开始分析重力势能："再看一下，在机械能当中的重力势能的变化情况，$\Delta E_p = mgh_2 - mgh_1$。同样是将质量用密度和体积的乘积表示，再将相同的项提到括号的外面，那我们可以得到 $\Delta E_p = \rho\Delta Vg(h_2 - h_1)$。"

这样一来，能量的情况就已经分析清楚了，接下来又分析了流体做功的情况："分析了在这样一个变化过中总体机械能的改变情况，我们就要来思考是什么样的因素导致了流体的机械能发生了改变呢？"短暂地停顿了一下，接着说："我们研究的是理想流体，而流体又是连续介质。我们只是选取了其中的一小段作为研究对象，因此，在研究对象的左端、右端与之相邻的流体必然会给它施加一个力的作用。"

给出了原理性的分析之后，开始分析理想流体做功的表达式："所以我们看到 S_1 截面左端的流体会对它施加一个向右的力，产生向右的压强 p_1；而 S_2 右端的流体会对它产生一个向左的作用，施加了压强 p_2。（伸出手指，手势配合；数字手语配合）这两个力产生的机制完全相同，但是作用却是完全不同的，前者为动力，后者为阻力。"

"接下来分析一下这两个非保守外力对我们的系统做功的大小。"开始对流体做功进行理论分析："首先来看一下外力对上端流体所做的功，我们知道它的压强，所以功可以表示为 $p_1S_1\Delta l_1$，而 S_1 和 Δl_1 的乘积呢，表示的就是这部分流体的体积值，所以我们得到 $A_1 = p_1 \Delta V$，再来看一下外力对下端流体所做的功，在这里我要强调一下，这会出现一个负号，原因就是这个非保守外力它所做的是负功。"这时有同学小声说出了公式。教师对她给予了肯定（称赞学生：针对个体的称许）："对，同学回答得很对。"

继续讲："$A_2 = -p_2 S_2 \Delta l_2 = -p_2 \Delta V$。"

推导完这些公式之后，她进行了小结，并提出了新的问题："我们得到了新的非保守外力对系统所做总功的大小，同时在这之前我们还得到了系统机械能的整体改变情况，这两个量之间是什么样的关系呢？大家想一下，回忆曾经学过的什么原理呀？功能原理。知道非保守外力对系统所做的总功与系统机械能改变量之间是相等的。"她通过 PPT 中逐个出现的特效对这句话给予了很形象的等式解释（感官性聚焦：特效强调重点概念，图 6-5）。

由功能原理：

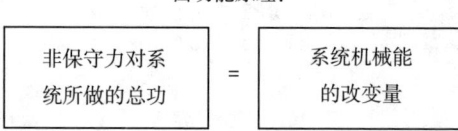

图 6-5　感官性聚焦：特效强调重点概念

下面对推导出的所有公式进行整合："因此我们对上面得到的四个式子用等式进行连接。"此时，她操纵手中的遥控器翻 PPT 页说："可以得到 $(p_1 - p_2) \Delta V = \frac{1}{2} \rho \Delta V (v_2^2 - v_1^2) + \rho \Delta V g (h_2 - h_1)$，在这三项之中都含有 ΔV，因此我们可以把它消去。"PPT 中的 ΔV 上全都画上了黄色的斜线，然后化简出新的公式："那我们会得到 $p_1 - p_2 = \frac{1}{2} \rho (v_2^2 - v_1^2) + \rho g (h_2 - h_1)$。图 6-4 中的 1 和 2 是我在细流管中选取的两个位置，我们要研究不同位置它的能量变化情况，所以我现在要将角标相同的项移到等号的另一侧，大家看看会有什么样的结果，$p_1 + \rho \frac{1}{2} v_1^2 + \rho g h_1 = p_2 + \frac{1}{2} \rho v_2^2 + \rho g h_2$，非常完美的对称形式。"

下面根据上述公式得出了最主要的结论："这能说明什么道理呢？……这些不同的点所对应的 p_1、$\rho \frac{1}{2} v_1^2$、$\rho g h_1$ 这三项之和，怎么样？一定是相等的。因此呢，我们就得到了今天的结论，（转身到白板前板书结论）$p_1 + \rho \frac{1}{2} v_1^2 + \rho g h_1$ 等于一个常数。这个就是本节课要讲的主要内容——伯努利方程。"在所有板书的最上面写上了本节课的标题——"伯努利方程"。

（在整个教学过程中，教师的推导可以称得上是逻辑顺畅，但缺少了推导的流程图，使学生较难明白教师推导的步骤有几个？都是什么？为什么要这样推导？这部分教学设计稍显不足。

教师在教学过程中所运用的教学方法主要是讲授法，这是正确的。并辅之以演示法、提问法。除了教学方法的运用，教师在教学过程中事实上还运用了演绎推理的科学方法，即整个推导过程所运用的科学方法就是演绎推理法。应该指出的是：教学方法是教学方法，科学方法是科学方法，两者是不同的。在教学中，科学方法应当采用显化教育方式，即教师要告诉同学们整个推导过程所采用的方法是什么？由于方法与知识的关系是因果关系，因此，这个问题就显得特别重要。更由于我国大学教育多年来一直崇尚知识中心的教育理念，科学方法教育常常处于隐性教育方式，这就使学生虽然学习了知识，但却不清楚知识得到的方式是什么。

从更深层次上来看待这节课的教学设计，不难发现，本节课整个推导的过程其实就是一个原始物理问题解决的过程。从进行抽象到设置推导所需要的物理量、画出推导所需要的图像、运用物理规律、应用科学方法、进行数学变换得到结论。因此，这是一个典型的原始物理问题解决过程，但教师似乎没有意识到这一点）

写完之后开始分析方程的物理意义："下面我们来分析一下伯努利方程的物理意义，"板书"物理意义"，"我们首先来看一下 $\rho - \frac{1}{2}v_1^2$ 项。"板书此项，开始板书推导演算（案例、公式呈现：板书演算推导）。

接着继续进行演算推导："大家看到了，我们将这一项乘以体积 ΔV，为了保持原式的成立，再除以 ΔV，原式不变，对吧？然后呢，把密度和体积乘到一起，得到什么？"停顿，等待学生回答，有学生小声回答，然后她继续板书推导："嗯，质量，也就是 $\frac{1}{2}mv^2$ 再比上 ΔV，$\frac{1}{2}mv^2$ 是我们最熟悉不过的什么量啊？"用手指着板书的式子注视着同学，有同学回答说："动能。"她继续讲解："动能再除以体积，所以我们得到的是：单位体积的流体动能情况。"

用相同的处理方法开始板书推导单位体积的流体的重力势能："那我们再来看一下 mgh 项，用相同的处理方法，mgh 乘以 ΔV，再比上 ΔV，等于密度和体积……mgh 再比上 ΔV，而 mgh 是什么呢？"同学一起回答（参与行动：集体应答）："重力势能。"

她继续推导："重力势能再除以体积，因此我们得到的是单位体积流体的重力势能。"

停顿了一会儿，在白板上写下了一个 p，然后说："我们再来分析这一项，当看到这个符号的时候，很多同学会脱口而出，什么？"学生小声回答："压强。"她继续说："对，是压强。不过在今天的式子中我们发现，它和表征能量的物理量处在一个等同的位置上，所以它必然有一个全新的物理含义，这个物理含义是什么呢？把压强乘以体积 ΔV，再除以体积 ΔV。所不同的是，我们要将体积变换成截面积和长度的乘积，那 p 乘以 S，再乘以 ΔL，再比上 ΔV，p 和 S 乘积是什么？"同学集体做出了回答（参与行动：集体应答），她听完之后说："力。力再乘以在力的方向上所产生的位移，这就出现了什么？"同学集体一起回答（参与行动：集体应答）："功。"

她继续采用边推导公式边追问的方式向同学提问（提问：对话式提问）："当一个物体可以对外做功的时候我们说这个物体怎么样？具有能量。而这个能量的来源在哪儿呢？流体和流体之间的压力作用。因此称之为压力能，这样就得到了伯努利方程的意义。"

推导完毕后，引用了伯努利的原话来总结流体的物理意义（对比举例：引用名人名言）："做定常流动的理想流体，同一细流管或同一细流线上的各个点，单位流体体积动能、势能，以及压力能的总和是一个恒量。"

（一切教学方法和教学活动都要围绕教学本质展开，能否向学生呈现清晰的物理本质对课堂教学能够达成教学目标至关重要。该教师通过实验现象与理论推导相结合的方式，总结出了伯努利方程的公式及物理意义，得到了本节课的重点与难点。伯努利方程的物理本质是什么？教师似乎并没有完全点拨出来。伯努利方程事实上就是机械能守恒定律在流体力学中的表现形式，它在本质上其实就是机械能守恒定律，一个改头换面的机械能守恒定律）

下面她向大家介绍了伯努利的背景："丹尼尔·伯努利，是伟大的伯努利家族中的一员，他不仅仅在物理、数学、医学等方面有很高的造诣，甚至在哲学方面都有自己独到的见解。因此是一位值得我们记住的科学家。"

得出了理论公式之后，她把这一原理运用到实际问题当中（案例讲解：利用模型解释案例）："分析过伯努利方程后，再来看一下，和前面我们看到的'贝氏弧线'是什么样的一个关系呢？"

翻 PPT 页，播放了一个嵌入式的动画（图 6-6）来对"贝氏弧线"进行物理学上的解释："当足球在前进的过程当中，它会伴随着球体自身的旋转，大家看到，如果球体是逆时针旋转的，足球右侧产生这种环绕的气流。足球右侧的速度与迎面而来的气流速度，必然是相反的，而足球左侧的速度与迎面而来的气流速度方向是相同的，依据伯努利方程我们看到，足球左右两面的高度差可以忽略不计，$v_{左}$ 大于 $v_{右}$，就会使 $p_{左}$ 小于 $p_{右}$，等式才能够成立。因此，足球在前进的过程当中，会受到一个向左的合力，正是这个力使足球发生了偏转。这个现象称为'马格努斯效应'，所以说贝克汉姆的成功进球，流动的空气介质功不可没。"

图 6-6　足球受力动画截图

解释完足球的运动，又现场展示了另一种物理现象："下面再来看一个有趣的现象，我手里面拿了一个小球，"打开一个盒子，拿出一个白色的小球，"如果我将握着小球的手松开的话，小球会怎么样？"同学一起回答。"下落，对吧？我现在拿着一个漏斗，将小球摁在漏斗口上，然后松开托着小球的手，小球会怎么样呢？"停顿了一下，"还是下落，对吧？"

下面开始展示一个有趣的现象："现在大家思考，如果我向漏斗内吹气的话，小球会怎么样呢？"这时假设同学可能有的一种判断："有的同学可能会想到：不吹气的时候小球就要下落，吹气的话小球岂不是下落得更快吗？那我们就来看一下真实的情况吧。现在我向漏斗内吹气。"开始吹气，小球过了好几秒才落到她手上（实物教具展示：现场模拟物理现象）。

演示完毕之后，她微笑着对同学们说："看到了吗？奇迹出现了。本该下落的小球不但没有下落，反而悬在漏斗口上，这是什么原因导致的呢？同学们根据我们刚才讲的内容来思考一下，看能不能找到答案。"

她拿起遥控器，将 PPT 翻页，开始从物理学角度揭示这一现象的实质（揭示实质：引导学生思考现象背后的原因）："当我向漏斗内吹气的时候，我们会发现小球上方气流通过的截面积要小于下方通过的截面积。"用教鞭指示 PPT 上的小球图例。

紧接着，她开始分析根据伯努利方程得出的公式："根据连续性原理我们知道，上方气流的速度一定要大于下方气体的流速，所以来看，结合伯努利方程，$v_上$大于$v_下$，并且小球上方单位流体的重力势能一定大于下方单位体积流体的重力势能。所以这一项也是左边大于右边的，"用教鞭指着等式两边的 ρgh 说，"为了保证这个等式的成立，必然有 $p_上$ 小于 $p_下$。也就是说，小球会受到一个向上的合力作用，正是这个力的存在，才使小球能够悬而不落。"

讲完了上面的现象，她布置了一项课外作业："现在请大家再思考一下，在我们生活中还有哪些现象可以用伯努利方程来解释。"停顿了一会儿，又说："比如轮船在航行过程当中，出现的航吸或者岸吸现象。这个呢，留给大家作为课后的作业，你们回去再仔细地思考一下。"

到这里为止，全部的内容已经讲完了，她开始进行总结（小结与总结：总结关键点）："以上就是我们这节课要讲的主要内容，重点是伯努利方程及它的物理意义，难点是伯努利方程的推导过程。"

总结完知识点后，她还对同学们表达了良好的期望："希望大家能够将所学到的知识与生活实际相联系，多看，多学，多思考，培养自己的自学能力，以及科学研究能力。好，我们这堂课就上到这里。同学们，再见！"

（教师是知识的传授者，也是学生的引领者。这就意味着教师在课堂教学中不仅要向学生传授知识，更重要的是带领学生挖掘知识背后蕴含的思想观念和情感态度。在本节课的最后，该教师引导学生关注伯努利方程的历史背景，帮助学生正确地认识历史，并在知识学习的基础上，获得能力素养的提升。此外，该教师还可以在授课中更加突出立德树人的理念，带领学生正确认识科学的价值，获得品德的发展）

课后，她接受了采访，当被问到授课开始时放了一段足球视频的创意来源时，她觉得："首先要吸引同学的注意力。现在大学生在网络上、在电视上获得很多的信息，所以我觉得在课程的开篇要有一个能吸引学生的素材，能让学生顺着我的思路学习下面的课程。"

她认为，课堂的互动很重要："教学是教师和学生的一种互动，老师讲得再好，如果学生在下面没有任何反应的话，估计他的教学水平也就慢慢地下降了。"

（教学逻辑是追寻知识本质的关键，教师在授课过程中，能够以知识的呈现顺序和学生的认知顺序为主线，从创设情境、建立概念、理解本质和运用知识四个阶段对伯努利方程进行较为细致的讲解，较好地体现出了本节课的逻辑主线）

第二节 "公共组织运营管理"教学设计评价的再评价

程文浩的课程主题是公共组织运营管理，本课程是公共管理硕士项目（MPA）的核心课程。教学目的是通过教学，使学生掌握公共组织运营管理的基本概念、方法和技巧；理解公共组织运营管理四个目标之间对立统一的复杂关系；领会在日常管理过程中，需要合理平衡各种运营管理目标、不能有所偏废这一道理；能够利用所学理论工具来诊断公共组织运营管理中出现的低效率、高成本等问题，并提出具体的解决方案。

（在教学目标的设计中，从知识、技能和认知三个层面展开。在知识层面包括公共组织运营管理的基本概念和四大目标；在技能层面涉及了公共组织管理的技巧，以及诊断公共组织管理中的低效现象；在认知方面强调了树立运营管理统筹兼顾的理念。根据本书中提出的"知识与方法、思维与技能、思想与观念、科学精神与人文精神"角度评判，该案例在教学目标的设计中不仅缺乏对方法的要求，而且缺少科学精神与人文精神的教育目标。由于缺少方法的设计，教学目标中的知识技能与思想观念的要求存在跨度，学生难以应用理论知识并设计解决方法；此外，缺少科学精神或人文精神的价值引领，教学活动的教育性就无从体现。因此，在这个意义上，该案例中教学目标的设计并不完备）

教师在鞠躬回礼之后，向学生寒暄道："同学们好，同学们辛苦了！"学生笑。他走近学生说道："这两天平均每20分钟要换一个专业，"他做出一个数字2的手势，继续微笑着说："而且尽得各位老师的精髓。按照这个速度，不出一年，大家都会成为学贯中西的学术大师。"这种夸大的说法引来学生的笑声。

接下来教师询问学生的状态："好，大家现在精神状态怎么样？"

几位学生集体应答："非常好！"

"非常好吧。"他手指PPT引入课程主题："那么，欢迎大家进入公共管理的世界。"

他简要回顾了上节课的学习内容（诠释定义：用之前学过的知识引出概念）："我们在上节课开题的时候，就与各位探讨了公共管理是关系国计民生的伟大事业的问题。"他用激光笔指向PPT上的提纲："请大家想想，从世界的和平发展，到国家的长治久安、社会的安定祥和，再到我们每个人的幸福，每一个层面的发展目标能否实现，实际上都取决于公共管理事业的好坏。而且这项事业无时不在、无处不在。"他举例逐层阐述："从2008年5月12日惊天地泣鬼神的抗震救灾，再到紧锣密鼓的灾区重建，再到现在全球严防A型流感；从气势恢宏的北京奥运会，到润物细无声的公共服务，所有的这些工作都是典型的公共管理工作，它的成败影响到国家乃至全球的命运。"（介绍性聚焦：递进句中连续使用成语）

他用手掌指向PPT中的时事图片素材："这些重要的公共管理工作，它们的成败取决于什么呢？"他自问自答道："我想既取决于决策的好坏，也取决于运营管理水平的高低。"学生点头表示赞同。

（本节课采用了回顾加举例的引入方式，这种引入方式便于帮助学生建立新旧知识之间的联系，从而引导学生顺利进入到新课学习中。但是，这种引入方式比较陈旧，并未创设一个真实的问题情境，因此难以调动学生的好奇心与积极性）

接下来，他用激光笔指向PPT，罗列出了本课程的知识结构："我们今天主要探讨三方面的内容，分别是公共组织运营管理的基本概念，还有它的四大目标，以及如何改进公共组织的运营管理。"他为学生提示内容重点："我们的重点放在第三部分——改进之道。"学生纷纷开始做笔记。

（该教师采用了"先行组织者"策略，即在教学开始为学生呈现明晰的课程知识结构。明晰的知识结构有利于学生头脑中框架的形成，促进知识的迁移与应用）

于是，他正式进入了概念的讲解。

"好，我们首先研究一下概念。运营管理的英文是operation management，它先来自于企业管理，"他用激光笔指向PPT的文字内容讲道："它是指企业对从投入到产出的整个生产系统各个方面的管理。我们今天探讨的这个主体是公共组织。"（诠释定义：讲述定义的出处）然后他又回顾了之前学过的知识，从而引出新概念："第一节课的时候，我们说公共组织是什么样的组织？"他走近学生，身体向前倾："为了公共利益而组成的群体。公共组织主要包含两大类型，分别是政府和非政府组织。"他用双手握拳对比的手势表示"政府组织"和"非政府组织"，并指着PPT举例道："我们以政府为例，政府实际上也是一个生产系统，请大家想想，政府的投入有哪些呢？"等待几秒钟，给学生留下思考时间后，他给出答案："有很多，比方说财政资金、人力资源、技术装备等。"他边说边伸出手指单手点数。

（从教学手段角度来看，该教师在教学时使用了板书，以及PPT演示、图片展示和视频演示等现代化教学手段，在一定程度上使知识生动形象，便于学生理解和把握）

他又追问道："那政府的生产过程又是什么呢？"

一位学生回答："管理。"

教师给出标准答案，并且称许学生："比方说公共管理和公共服务的行为，大家说得非常好。"

然后，他自问自答道："政府的产出又有哪些？刚才我们谈到，所有发展目标的实现，就是政府的作为，是政府的产出。所以说政府本身也是一个生产系统，它各个方面的管理，被称为公共组织的运营管理。"

接下来，他讲授了公共组织运营管理的四大目标："这四个目标非常好记，可以简单称为'三高一低'。"（对比举例：用其他概念的特点进行类比）他解释道："首先请大家别误解，这'三高'可不是我们常说的那个。"他给出时间等待学生回答。

学生微笑着回答："高血压，高血脂，高血糖。"

他重复了学生的回答，并调侃道："怎么大家对这个这么熟？年龄还不到'三高'人群啊。"这样的调侃引得学生发笑。然后教师解释道："这'三高'可不是那'三高'，而是什么呢？"学生开始记笔记。"首先是高效率，英文怎么说呢？efficiency……"他用英文翻译关键词并且在板书上写上"efficient"。"第二个'高'是什么呢？高质量。英文怎么说？"

一位学生回答："high quality。"

他重复了学生的答案并在板书上写上"high quality"。教师继续讲道："第三个'高'是高响应，"然后他继续解释："我解释一下，就是对外部需求和变化的反应速度，比方说防范 A 型流感，各国的响应速度都很快。"（对比举例：举例全球热点）

教师接着提问道："这个用英文怎么说呢？"

学生回答："responsive。"

教师重复了学生的答案并且板书"responsive"。

"这是'三高'。'一低'是什么？"教师继续提问。

学生回答："low cost。"

教师肯定了学生的回答："就是 low cost，低成本。"并板书"low cost"。

之后，教师简要回顾重申了刚才的课程内容，并提示学生思考："好，刚才我给大家提出了公共组织运营管理的这四大目标。请各位思考，这四个目标它们相互之间是什么关系呢？"他进一步引导学生的回答方向："它们之间有没有内在的矛盾呢？有矛盾吗？"

见学生点头，教师继续问："有，比方说质量和谁矛盾呢？"

学生回答："效率。"

"和效率之间有矛盾。我们常说慢工……"他等待了一秒，发现没有学生能够回答上来，于是补充说："出细活，萝卜快了怎么样呢……不洗泥，就反映了两者之间的矛盾。"

"质量除了和效率之间矛盾，还和谁矛盾呢？"

学生集体回答："成本。"

教师重复学生答案并举例："我们常说便宜……"他稍作停顿进行等待。

学生集体接道："没好货。"

他笑着重复："没好货，就是这个道理。"（对比举例：引用俗语）

教师简单总结并继续提问："所以说，这四者之间充满了复杂的矛盾关系。再请大家深入思考，它们之间的矛盾是必然的吗？"他伸手用激光笔指PPT："是不是提高质量一定会降低效率？一定会提升成本？是必然的矛盾吗？"

几位学生摇头回答："不是。"

"不是，为什么呢？"他紧接着解释："因为真正的公共管理高手，能把看似矛盾的因素完全统一起来，能让矛盾的东西不矛盾，共同服从于总体目标，服从于大局。"教师双手掌心相对做下切状，突出关键词"统一"，又双手做向上托状突出关键词"服从"（手势配合：手势模拟关键词，图6-7）。

图6-7　手势模拟关键词

（从教学方法的角度看，该教师在教学中用到讲授法和谈话法。在使用中，该教师能够发挥不同教学方法的优势，而且具有在此基础上加以丰富的能力。比如，在教授法中，该教师善于将肢体语言和手势作为辅助手段，在一定程度上弥补了通过讲授法仅用语言叙述的不足，使教学内容更加生动形象。再比如，在谈话法中，教师通过问题与冲突情境来促进学生思考，此外教师也采用一些恰当的隐喻帮助学生理解概念。因此，该教师教学方法的选择与运用是合理得当的）

之后，他将课程放在了四大目标之中的效率问题上。首先他解释了用效率作为突破口的原因："我们为什么要以效率为突破口呢？有两个原因，从理论上讲，政府的效率直接影响政府工作的时间成本、对百姓需求的响应速度，还有政府工作的质量。从现实的角度来看，政府的效率较低，是长期困扰中国社会的一个突出问题。"（对比举例：举社会不良现象）他进一步阐述道："实际上，不仅老百姓，企业也对政府效率心怀不满，很多地方，包括一些经济发达地区的党政一把手，对政府的效率也深感不满。"教师在PPT中向学生展示了反映党政一把手对政府效率不满的新闻网页截图。

"不过，为什么政府的效率不能让社会满意呢？"他紧接着提示学生关注："说到这个问题请大家注意，这绝非中国所独有的现象。从全球来看，这个问题具有普遍性。"

他开始举例国外有关政府效率低下的事件："早在20世纪的八九十年代，许多西方发达国家的政府不同程度地陷入了困境。它们面临一系列的难题。什么难题呢？比方说政府机构庞大，结构臃肿，效率低下；比方说政府的财政赤字十分严重。"

这时PPT中显示出了一张美国财政情况的柱状图（诠释定义：引用数据）。教师用激光笔指PPT说道："这是美国联邦政府历年的财政赤字的变化，在1992年的时候达到顶峰。克林顿当政时期的末期转化为盈余，"他微笑着用激光笔指PTT，话锋一转："但是小布什当政之后很快又转化为赤字。"

然后，他补充道："除了上述问题，各国的百姓对政府提供的公共服务深感不满。"

问题表述清楚之后，他给出了解决之道："正是在这样的多重困境下，以这个被称为'政府创新理论之父'的戴维奥斯本为代表的一批学者，他们在学术界努力推进了这个所谓的'新公共管理运动'。"学生做笔记。教师用激光笔指向PPT："他们的目标很远大，说是要重振公共部门的活力。他们还提出了一些振聋发聩的口号，比方说要'重塑政府'，"他用英文翻译道："reinventing government。"一位学生点头。（对比举例：中外例证）

他在描述事件的同时，还以名人为例讲述本专业的责任使命："这些学者很令人敬佩，他绝不是坐而论道，光说不练，而是积极参与政策的创新和改革。"接着他还举例说明："比方说奥斯本先生，他就积极协助克林顿政府，首先在联邦政府这一级进行了大刀阔斧的改革。"他单手下砍表示关键词"大刀阔斧"。

"这个'新公共管理运动'的'新'字从何谈起呢？"他提出问题并回答："主要指它的核心理念，思路就是公共部门应该放下架子，积极地借鉴私营部门，尤其是企业的运营管理之道。"（诠释定义：逐字解析定义）

他又用设问的方式引入知识点："这个运动以及相应的改革，有哪些具体的方法呢？"教师走近学生举例："很多，比方说绩效管理，还有政府服务的外包，还有电子政务，用信息手段提高政府的绩效，还有一点很重要，就是流程的再造。"

"我们下面就以流程再造为核心。"他介绍后面的内容，之后激光笔指PPT，讲授了流程的概念："流程是什么呢？它是指组织通过一系列连续有规律的管理和服务活动，来达到某个特定的工作目标的过程。"学生点头表示明白。

"我们为什么以流程为研究的主要对象呢？"他用设问的方式解释了原因："是因为它是联结政府的不同人员和不同部门之间的纽带。"他用双手掌心相对的手势表示"联结"。

教师在 PTT 中给出了一张流程图例："我们首先看一下，这是某个部委的内部工作流程。"

他用激光笔从上到下指着 PPT 配合讲解内容："上至部长，下到普通的科员，各个层级的公职人员，实际上是由不同的事物链条流程联系在了一起。不仅政府内部如此，不同政府机构之间，实际上也是由流程串在一起的。"他用双手手指相扣的手势表示关键词"联系"，用两手分别从左右向中间挥动表示关键词"串"。

之后，教师又在 PPT 中打出一张流程图（图 6-8），走近学生，举例说："比方说我们在座的同学，有的可能毕业之后要创业，要想成立一家企业，先后要和工商局、会计师事务所、技术监督局，还有两个税务局打交道。要走这样的一个流程。"

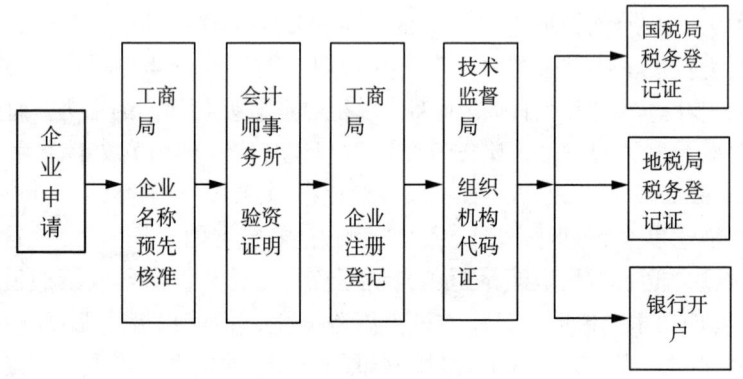

图 6-8　企业登记注册审批流程

这时教师对上面的关键点进行了总结："好，我总结一下。因为流程的广泛存在，所以工作人员的个人效率借助单位内部的流程可以直接影响政府机构的整体效率。"

"不同机构的效率借助流程又怎么样呢？借助这个机构之间的流程又直接影响什么？"他紧接着再次提出了问题，并回答："可以影响政府的整体效率。因此，流程是影响政府效率的关键因素。而优化流程呢，是提高政府效率的有效途径。"

之后，他又用设问句跟进："什么叫优化流程？就是对流程原有的组成要素的顺序和方向等进行调整，以缩短时间，提高效率。"他双手前后交错，表现"顺序方向的调整"。

"怎么才能优化流程呢？我们首先要分析一下流程的基本类型。"他用连续设问的方法推进课程进程。"流程看似千变万化，实际上是万变不离其宗。它可以分成两个类型，一个是并行流程。"教师伸出两根手指做出数字 2 的手势,并结合现场情况举例,"我们这次教学大赛,理科组、文科组、外语组相互之间独立存在、互不影响,这是典型的并行关系。"学生点头表示明白。他左右手分别伸出大拇指,表现"理科组、文科组、外语组"的不同分组。

"还有一种是什么呢?串行流程。"他用激光笔指PPT,继续应用结合现场情况的例子:"比方说今天上午的比赛,第一位老师结束,第二位老师才能启动,第二位老师结束,第三位才能开始,这就是一个典型的串行关系。"

他用言语引导学生关注:"我们下面回到这个实际的政务流程中。"PPT又显示出刚才呈现的企业登记注册审批流程图,教师要求:"请大家识别一下里面有串行吗?"

学生回答:"有。"

教师肯定了答案,再次问道:"有没有并行?"

学生回答:"有。"

教师在PPT中指出并行关系的位置。

之后,他引用了其他专业术语并进行了解释:"好,这个流程中有串行有并行,但它总体遵循木桶原理,对不对。什么叫木桶原理,大家能不能告诉我?"教师在PTT中插入木桶的图片。

在座的学生纷纷回答。

教师总结道:"桶里能盛多少水不取决于长板,而取决于什么?"

学生集体回答:"短板。"

"取决于短板的长度。短板影响整个组织的整体绩效。"教师用设问的方式追问道,"流程中的木桶原理体现在什么地方呢?"他紧接着用语言指示关注:"我们再回到流程之中来。"教师用激光笔指向PPT中的流程图:"这个企业什么时候能批下来不取决于其中办得最快的某个环节,而取决于什么?"他身体前贴近学生提问。

一位学生回答:"办得最慢的环节。"

教师肯定并重复了学生的答案,并补充:"慢的那个环节就拖了整个体系的后腿,这就是木桶原理。"

他又提出了一个问题,并请学生用生活经验回答:"好,再请各位思考一下,结合大家的生活经验想一想,是并行关系容易拖后腿还是串行关系容易拖后腿呢?……哪个更容易拖后腿?"他身体前倾贴近学生提问。

学生回答:"串行。"

教师称许道:"非常正确。"紧接着追问:"为什么串行容易拖后腿?"

有几位学生在底下小声回答。

教师解释道:"是因为首先串行的链条怎么样?链条本身比较长,本身需要更长的时间才能完成。"他双手掌心相对向外做拉的动作,表现关键词

"长"。"另外，串行关系有一个特点，我们骑自行车最怕什么？"他用提问的方式举生活实例。

学生回答："掉链子。"

"为什么怕掉链子？我昨天专门买了一个链子。"教师拿出了一条车链子，引来学生一阵笑声。

"链条是典型的什么？"

学生回答："串行。"

"一个环节中断……整体中断。"教师轻轻一放手，原本连在一起呈环状的链条断开，"链条断了，自行车……"教师回身手指PPT继续道："也就没法行走，整个体系陷入中断。"

教师将链条放回原处，用激光笔指示PPT总结关键点："所以说串行关系不但周期长，而且容易……卡壳。前面的环节会制约后面的环节，容易卡壳。这两个特点，使得串行关系往往成为工作体系的薄弱环节，甚至有可能成为主要矛盾。"

接下来教师又提问了并行关系的特点，并总结道："并行关系怎么样？周期相对较短，另外它会不会因为某个环节出问题导致整体卡壳呢？"学生摇头。"不会，因为它的各环节互相不依赖，所以说并行关系整体的安全程度也比较高。这两大特点，使并行作业往往成为优化流程、提高效率的关键。"（诠释定义：说明原则和违背原则的后果）

之后，为了说明并行作业的特点，教师向学生呈现了一段F1赛车维修站换轮胎的视频："F1赛车最精彩的是哪一段？在维修站换轮胎。一辆赛车4个轮子全部换一遍，只需要多长时间呢？"教师稍作停顿引起学生兴趣，而后说："8—10秒钟。它怎么做到这一点呢？秘诀，就是并行作业法，请看。"教师播放视频。（案例讲解：引用国外经典案例）

（视频播放完毕）"大家看明白了吗？"

学生回答："看明白了。"

"我们再看第二遍，第二遍可要看门道啊。"教师提出了要求，让学生带着问题观看视频，并重放了视频资料。之后，教师用定格的方式逐步对视频内容进行讲解："赛车驶进维修站，首先把赛车翘起来四轮腾空，然后每两位维修师负责一个轮胎，这样用掉8个人。这个人拿管子在干什么？"教师用激光笔指向视频中的人："在加油。这个人拿毛巾在给驾驶员擦汗。10个人分工明确，哪个小组换完轮胎马上举手。"教师单手抬高做出举手动作配合讲解。"等四个小组都举手后，赛车火速驶离现场。"这时教师再次播放了视频，使学生对刚才的讲解进行验证和温习。

接下来，教师进入了如何优化流程的讲解。并且使用四字短语的并列结构进行归纳："首先，教给大家一个原则。只有 8 个字，就是'尽量并行、压缩串行'。"教师用手掌指向 PPT："尽量并行和压缩串行。"（强调重申：自语重复）

"我们掌握了这个原则后，如何一步步地对流程进行调整、优化呢？我又总结了四大步骤。"教师在 PPT 中用箭头和文本框展示，并且逐步解释："请看第一步，列出现有流程，作为我们分析的依据。"

"紧接着我们在现有流程中找到其中的串行关系，比方说你看这个，"教师放出流程优化的步骤图（图 6-9），并指示学生关注："这就是整体串行。然后呢？把串行尽可能拆解成并行，"教师用激光笔指向 PPT："拆完之后所用的时间马上缩短了。如果拆到最后，比方说这两个环节 1 和 2，不能够并行处理怎么办呢？"教师双手手掌一上一下，表示关键词"并行"。"我们另辟蹊径，用另外一种方法，就是压缩剩余的串行，使 1 和 2 各自用的时间最大限度地压缩，使它能在更短的时间内完成。"他用激光笔指着 PPT 讲解道。

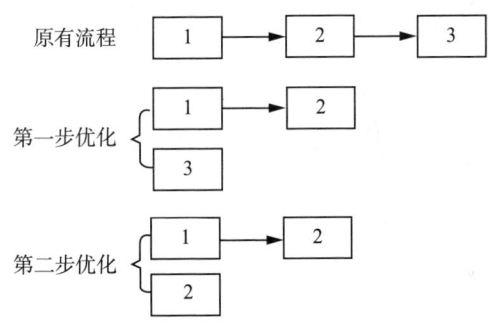

图 6-9 流程优化 PPT

最后，他总结道："经过这两步优化之后，整个流程所用的时间大幅缩减，意味着工作效率的大幅度提升。"

之后，他假设学生的疑问，用问句形式引导："好，我们刚才分析了流程优化的方法和技巧。大家会问，这个方法在公共管理实践中究竟有没有具体的作用呢？有没有实际的效果呢？"

为了解决这个问题，他给学生举生活中北京市二手房交易的实例，并在 PPT 中展示了交易流程对比图。

"在北京不同的区，交易的时间有天壤之别。"他用两个区的实例进行了正反对比："我们首先看一下在 A 区是怎么办的。"他用激光笔指向 PPT，解释流程图："购房者，也就是买主，首先要和卖方一块到房管部门去办过户。办完过户之后新房产证做不出来，要等多长时间呢？等 20 个工作日。购房者 20 个工作日之后还要到房管部门来办这个新证的登记。办完之后这个证还是拿不走，为什么呢？如果购房者是贷款买房，那么这个新房产证就要办理抵押，抵押要 20 个工作日，购房者要在 20 个工作日之后和贷款的银行一起到房管部门跑第三趟，来办理抵押。抵押之后还拿不走，为什么呢？是因为在 A 区，房管部门一般把新证直接交给贷款银行，所以购房者还要在 10 个工作日之后，再专门跑到银行才能把证取走。"

接下来他总结道："好，我们做一个加法。购房者先后要跑几趟？"

学生回答："4 趟。"

"4 趟。总时间是多长？"

学生回答："50 天。"

"50 个工作日，再加上周末和节假日，一般办理时间长达 3 个月。"

他又举相似案例进行对比："我们再看同样的事情在 B 区是怎么办理的。"他用激光笔指着 PPT 讲解："B 区只需要跑两趟，购房者首先要和卖方一起，到房管部门一次完成过户和发证两个环节，证做好之后也不能直接交予购房者，也要办理抵押。一周之后，购房者和贷款银行再一起到房管部门同时完成抵押和取证这个过程。抵押完了之后，银行过一下手，签一下字，这个证马上就可以被购房者取回。"之后老师总结道："我们再做一下加法，总共跑两趟，总时间是多长？大概是 1 周。你看，从 3 个月到 1 周，这两个区办理这个流程的效率相差 10 倍以上。"

他用提问引导总结："那同样是城区，这个差别的原因何在呢？是因为 B 区在 4 年前，下了大气力，对办理流程进行了优化。怎么优化呢？很明显，就是把串行怎么样？"

学生回答："并行。"

教师指着 PPT 继续说："改成了并行处理，而且剩余的串行也进行了最大程度的压缩。所以，通过优化流程来提高政府效率，效果立竿见影。"他用双手掌心相对，用从身体两侧向中间靠拢的手势表示"压缩"。

（这里采用的二手房交易的例子有些陈旧，而且不能突出国家公共管理中提高效率的必要性。这里可以采用抗日战争时期国民政府为抢运物资而采用的"长江水路联运"例子。该实例具有鲜明的时代背景，既可以凸显效率对国家公共管理的重要作用，又可以让学生感受到中华民族团结抗日的民族精神，让学生受到爱国主义精神的洗礼，可谓是一举两得）

接下来教师对课程要点进行回顾："好，刚才呢，我给大家讲授了流程优化的方法和步骤。"然后假设同学的疑问："大家会想，为什么我们现在的流程还有很多不合理呢？"教师指着 PPT 解答道："可能有这样一些原因。比方说我们政府的理念，还没有从计划经济时代的管理型政府真正向服务型政府转变，我们很多制度和流程设计的出发点是便于政府管理，而不是从另外一个角度——便民利民。除此之外还有机制,还有领导者个人,还有一些条件的限制。这些问题就是今后政府管理所要着力突破的主要问题。"

通过指出现在政府存在的问题,教师讲述了本专业的责任使命:"通过上面的分析大家可以看出,改进政府的运营管理绝不是一个单纯的管理技术问题,而是一个制度和意识的问题。大家今后要想有所作为,我想首先应该具备'权为民所用,利为民所谋'的公心。"他进一步强调专业技能要求:"同时,还要有在复杂头绪中把握主要矛盾的智慧,还要有化繁为简快速处理的才干,还要有不断发现问题、解决问题的方法。"

(根据"立德树人"的要求,教师在课堂教学中不仅要传播知识和方法,更要发掘学科本身的育人价值,促进学生树立正确的价值观与责任意识。该教师在教学最后讲述了在政府运营层面公共管理专业的责任使命,引导学生树立公德意识,提升专业技能,强化了学生的责任意识与专业认同感)

最后,教师简单总结了这节课的内容,并介绍了下节课要讲的内容:"好,我们这节课主要研究了如何优化流程、提高政府效率,下节课将围绕流程,进行更深一步的挖掘。我们要研究流程优化的难点及限制条件。"(指明要点:介绍后面的内容)

他给学生留下思考题:"请大家想想刚才我给大家的这三个环节的串行关系,它的改造有几种结果呢?最好的结果是整体并行,最坏的结果是我们无所作为,中间还有一种,请各位课后深入思考,究竟在什么样的情况下才会分别出现这三种结局?"他身体前倾继续说道:"流程优化有哪些限制条件?又有哪些规律可循?这是我们下节课要深入分析的内容。"

(教学的流程与活动需要围绕教学本质进行。在该内容中,公共运营管理应该围绕着"最优化"这个本质进行。该教师在教学中,以此为依据展开了公共运营管理中四个原理的教学,在教学中多次强化"质量""成本""效率"等因素,并根据实例进行分析。可以说该节的教学把握了本节内容的教学本质)

课程结束后,对程文浩老师进行了采访。

首先,由于程老师 PPT 使用的底色为淡绿色,所以我们对 PPT 制作进行了询问。他回答道:"我觉得淡绿色本身就比较雅致,正因为背景比较简洁,所以同学们才能把精力集中到 PPT 的内容本身,而不是它的形式,当然,整体不很花哨。"

接下来我们询问了教师的讲课技巧。程老师说:"公共管理是一个实践性很强的专业,所以公共管理的教学呢,应该做到三个'有'。第一个'有',就是'有益',旨在提高同学们的思维能力,甚至塑造同学们的信仰;第二个'有'呢,就是'有用',就是我们学的东西拿到工作中和生活中要有用;第三个要'有趣',就是要寓教于乐,要增加一些寓教于乐的内容。"在具体操作方面,老师强调"有益"和"有用",主要是对课程内容本身的提炼,"有趣"是有效学习的基础,要求老师要抖一些"包袱",所谓的"包袱"就是开一些比较"雅"的玩笑。

(教学逻辑是教学过程的集中体现。该教师在授课过程中,可以依据知识的逻辑顺序和学生的心理顺序展开教学,从复习引入、建立规律、理解本质和迁移应用这四个环节对公共运营管理进行细致的讲解,逻辑主线清晰)

另外,我们还询问了教师在课堂上对视频的应用。他说:"视觉冲击力最强的不是文字,不是图片,而是视频,所以说呢,如果用一个简单的视频,能够立体地展示所教授的原理,大家看了之后就能马上形成深刻的印象,更易达到我们的教学目的。"在实物教具方面,程老师指出:"实物教学给人的感觉和多媒体不一样,实物看得见摸得着,给人的印象会更加深刻。"

(采用实物教具,能够将教师的教与学生的学有机统一,采用直观教学的方法,不仅能够帮助教师更好地进行教学,也有助于学生对知识的理解与掌握。尽管多媒体这种教学手段对学生起到一定启发作用,但直观的教具能够给学生带来更大的冲击力,从而增强学生对知识的记忆效果)

最后,程老师表示,讲授、演示和互动中,互动更为重要:"我觉得互动可能是保持有效沟通的前提,只有同学们敞开心扉,愿意和老师交流,老师的这些知识和理念才能传递给同学们。"

(从创新的角度看,该教师具有一定的创新意识。比如教学过程中,肢体语言及比喻的应用,确实为教学增色不少。但是,教学内容的创新不足,比如引入时教学情境创设不足,案例不够生动、直观等。

这节课放到今天来设计,我国党和政府在抗击新型冠状病毒肺炎时的公共组织运营管理,可以堪称是世界公共组织运营管理的楷模。从武汉封城,到30多个省、自治区、直辖市,以及解放军医疗队从四面八方赶赴湖北,都淋漓尽致地展现了党和政府在公共组织运营中的负责、高效与果断,彰显了社会主义制度的优越性。与之对比,西方国家特别是美国在抗击新型冠状病毒肺炎中的表现,表明了资本主义制度在公共组织运营中的低效与犹豫,对人民生命的不尊重和不负责任。此时此刻,社会主义制度与资本主义制度的优劣已经不言自明)

主要参考文献

[1] 乌美娜. 教学设计 [M]. 北京：高等教育出版社，1994.
[2] 邢红军. 大学教学技能精进教程 [M]. 北京：清华大学出版社，2017.
[3] 加涅，等. 教学设计原理 [M]. 王小明，等，译. 上海：华东师范大学出版社，2007.
[4] 杨梅玲，毕晓白. 大学课堂教学设计 [M]. 北京：清华大学出版社，2015.
[5] 皮连生. 教学设计——心理学的理论与技术 [M]. 北京：高等教育出版社，2000.
[6] 陈时见. 高校教学设计 [M]. 北京：高等教育出版社，2019.
[7] 周永凯，王文博，田红艳编著 [M]. 北京：中国轻工业出版社，2010.
[8] 徐英俊. 教学设计 [M]. 北京：教育科学出版社，2001.
[9] 北京高校青年教师教学基本功比赛评价体系与案例研究课题组. 课堂教学技能与评价 [M]. 北京：高等教育出版社，2011.
[10] 郭德俊，雷雳. 教育心理学概论 [M]. 北京：警官教育出版社，1998.
[11] 李龙. 教学过程设计 [M]. 呼和浩特：内蒙古人民出版社，2000.
[12] 孙立仁. 教学设计——实践基础教育课程改革的理论与方法 [M]. 北京：电子工业出版社，2004.
[13] 余林. 课堂教学评价 [M]. 北京：人民教育出版社，2006.
[14] 毕晓白，杨梅玲. 大学课堂教学技能 [M]. 北京：清华大学出版社，2015.
[15] 金秋萍，等. 现代设计解读 [M]. 北京：中国轻工业出版社，2008.
[16] 盛群力. 教学设计 [M]. 北京：高等教育出版社，2005.
[17] 郭成. 课堂教学设计 [M]. 北京：人民教育出版社，2006.
[18] 孙华. 教学设计论纲 [M]. 重庆：重庆大学出版社，2013.
[19] 李龙. 教学设计 [M]. 北京：高等教育出版社，2010.
[20] 莫里森，罗斯，肯普. 设计有效教学 [M]. 严玉萍，译. 北京：中国轻工业出版社，2007.
[21] 李朝辉. 教学论 [M]. 北京：清华大学出版社，2010.
[22] 王策三. 教学论稿 [M]. 北京：人民教育出版社，2005.
[23] 王道俊，郭文安. 教育学 [M]. 北京：人民教育出版社，2009.
[24] 王本陆. 课程与教学论 [M]. 北京：高等教育出版社，2017.
[25] 邵清艳. 教学设计技巧与艺术 [M]. 长春：东北师范大学出版社，2010.
[26] 张传燧. 课程与教学论 [M]. 北京：人民教育出版社，2008.
[27] 靳玉乐. 课程论 [M]. 北京：人民教育出版社，2012.

[28] 艾伦·C. 奥恩斯坦, 费郎西斯·P. 汉金斯. 课程：基础、原理和问题 [M]. 柯森, 译. 南京：江苏教育出版社, 2002.

[29] 张有录. 媒体教学论 [M]. 北京：国防工业出版社, 2008.

[30] 孙立仁. 中学物理微格教学教程 [M]. 北京：科学出版社, 1999.

[31] 魏游, 潘洪建. 近十年来教学评价研究的进展与反思 [J]. 现代教育科学, 2009 (8)：21 – 23.

[32] 张春莉. 从建构主义观点论课堂教学评价 [J]. 教育研究, 2002 (7)：37 – 41.

[33] 史晓燕, 周瑞芳, 寇学臣. 开展多元化发展性评价 [J]. 中国教育学刊, 2002 (3)：27 – 30.

[34] 许华琼, 胡中锋. 后现代主义知识教学观及其对课堂教学评价的启示 [J]. 当代教育科学, 2011 (1)：15 – 18.

[35] 吴维宁. 专业化的课堂教学评价工具 RTOP 评介 [J]. 教师教育研究, 2011 (9)：76 – 80.

[36] 许明. 英国中小学教师的评价制度和特点 [J]. 外国教育研究, 2002 (12)：45 – 49.

[37] 张苗苗. 习近平关于教书育人的重要命题 [J]. 思想教育研究, 2019 (4)：55 – 58.

[38] 习近平在北京市八一学校考察时强调：全面贯彻落实党的教育方针努力把我国基础教育越办越好 [N]. 人民日报, 2016 – 09 – 10 (1).

[39] 邢红军, 张抗抗, 胡扬洋, 等. 物理概念与规律的教学要求：反思与重构 [J]. 课程. 教材. 教法, 2018, 38 (2)：91 – 96.

[40] 京华时报. 川大副教授课堂演示单手劈砖激发学生兴趣 [EB/OL]. (2012 – 10 – 25) [2019 – 6 – 13]. http://scitech.people.com.cn/n/2012/1025/c1007 – 19384322.html.

[41] 徐继存. 教学研究意味什么——兼论教学论研究者的责任与使命 [J]. 课程·教材·教法, 2015 (2)：26 – 32.

[42] 孙畅, 胡怡涵. 我国校园欺凌研究现状与展望——基于 CiteSpace 的知识图谱分析 [J]. 理论观察, 2019 (4)：109 – 113.

[43] 李永鑫, 张璐. 护士工作场所中的欺负行为及与工作倦怠、工作满意度、健康的关系 [J]. 中国心理卫生杂志, 2010, 24 (8)：625 – 628 + 632.

[44] 傅静, 赖红梅, 曾白兰, 等. 低年资护士经历横向暴力行为的调查 [J]. 中国护理管理, 2008 (3)：35 – 37.

[45] 秦弋. 工作场所中欺负问题的研究现状 [J]. 心理科学进展, 2008 (2)：335 – 339.

[46] 付美云, 马华维, 乐国安. 职场欺负的旁观者：角色、行为与影响机制 [J]. 心理科学进展, 2014, 22 (6)：987 – 994.

[47] 胡春光. 校园欺凌行为：意涵、成因及其防治策略 [J]. 教育研究与实验, 2017 (1)：73 – 79.

[48] 郭靖, 张碧红, 黄绿香, 等. 职场欺凌的中国文化背景分析：基于深度访谈的探索性研究 [J]. 中国临床心理学杂志, 2015, 23 (2)：302 – 307.

[49] 谢鹏. 作为公平的正义——兼评约翰·罗尔斯《正义论》知识谱系与理论框架 [J]. 理论与当代, 2019 (12)：26 – 28.

[50] 陈瑞华. 程序正义的理论基础——评马修的"尊严价值理论"［J］. 中国法学，2000（3）：145-153.
[51] 刘邦凡. 关于"逻辑"一词［J］. 哈尔滨师专学报（社会科学版），1998（4）：33-35.
[52] 朱德全，张家琼. 论教学逻辑［J］. 教育研究，2007（11）：47-52.
[53] 历晶，郑长龙. 课堂教学逻辑的构建［J］. 东北师大学报（哲学社会科学版），2013（6）：278-280.